天下文化
BELIEVE IN READING

鈔寫浪漫

在這裡，世界與你相遇

謝哲青 著

自序　當夢想躍然紙上

雪，下來了。

輕輕的、柔柔的、在凜冽中夾帶著些許的溫暖，靜靜地將城市擁在懷中。淒清寒涼的蒼白，為古老的天際線點綴銀妝，眼前的一切，像是超現實的幻境，美的讓人心碎。

大雪初霽的清晨，連結舊城與小區的橋上空無一人，我佇立在莫爾道河畔，眺望彼岸層疊交錯的城塔，止不住我內心的激動。天涯浩渺、塵土流離，經過多年的飄零、流浪，終於，我來到了這裡，魂縈夢牽的布拉格。

那是柏林圍牆才推倒不久的九十年代，一切還沉睡在舊時代的夢境，等待黎明。我在維也納搭上夜行列車，一個人踏上尋夢的寂寞旅程。列車一路北上，我在徐行搖晃中睡睡醒醒……在夢裡，我回到離開已久的家，坐在客廳和父母兄弟說說笑笑……在夢裡，我與分手的情人久別重逢，舊時愛恨糾葛的萬縷千絲，化成相對無語的淚水……在夢裡，我回到童年的大海邊，在潮起潮落間，我追逐浪花，追逐人生最初始的渴望……我在列車停靠檢查哨時醒來，剛剛經歷的一切，仍留著悸動、餘溫，我將它們遺落在北方的夜裡，唯一留下的，是滿懷除不盡的黯然晦澀。

邊關的證照查驗，依然保有冷戰時期的蕭瑟肅殺，醜陋的軍事瞭望塔帶著莫名敵意睥睨，身著說不出是哪種灰色制服的移民官員，面無表情地檢查列車上每位乘客的身分。我望著窗外寥落的燈火，前方就是米蘭・昆德拉與慕夏的故鄉。雖然是第一次踏上摩拉維亞與波希米亞，但對這片土地，卻有種說不上來的篤定與熟悉。我在詩歌、小說、戲劇與音樂中，早已造訪過無數次。我與波希米亞的緣分，來自一份遙遠、奇特的饋贈。

時間是小學之前，有段不算短的時間，母親帶著我和出生未滿周歲的弟弟寄居在北方雨港，從頂樓加蓋的鐵皮屋小窗看出去，隱約可以看見港口進出裝卸的船隻，霧夜裡的嗚咽，一直從遙遠的年代糾纏至今，有時候在半夢半醒之間，仍可以聽見那像是哭泣的鳴笛聲。

忘記是哪一天，母親給我一個裝喜餅用的大鐵盒，從它開始，我著手建立屬於自己的祕密收藏——用過的火柴盒、集不成套的撲克牌、路邊泛著異彩的小石頭、五顏六色的玻璃彈珠、缺一支腳的錫皮機器人、吹破的氣球、脫落的書頁、備用的鈕扣……對我來說，盒子裡蒐集的不是物件，是模糊的、小小的夢想……「即使關在胡桃殼裡，我也會把自己當做擁有無限空間的君王。」

在這些微不足道的收藏之中，有幾件小東西，對我產生深刻幽遠的影響，其中一件就是它：一張來自遠方國度的舊鈔。三十多年來，它一直在我的身邊，可是我卻想不起當初是如何入手。這張舊鈔的正面，背景是煙霧蒸騰的工業團地，一九六〇年代，這種高汙染的生產模式，可是鐵幕國家重度依賴的經濟成長動能。畫面右方是一對身著傳統斯拉夫農服的男女，不知道為什麼，總覺從他們的臉上，我窺見了人們對現實生活的殷實與折服，這對斯拉夫男女眼神帶著不言可喻的陰鬱與孤立。

但真正讓我留下深刻印象的，是紙鈔背面的優雅圖案；遠方，一座國際哥德風格的主教座堂，矗立在格律工整劃一的宮殿後方，在中景的樹林前，一座古老石橋以勇往無懼的方式橫跨巨流，呈現出氣宇非凡的大格局。整體畫面呈現出深切體會永恆的凜然，氣勢磅礡，卻也適性自如。過了很多年後，我才知道，它是一九六一年，由東歐國家捷克斯洛伐克印製發行的一百克朗。我常盯著畫面中的大橋與河水，想像遙遠陌生的他鄉，想像在那裡，有不同的人生，等待著我去體驗。

1961 年捷克斯洛伐克發行 100 克朗，
一張紙鈔，開啟一段不平凡的人生旅程

ANKOVKA STÁTNÍ BA
ČESKOSLOVENSK
100
BANKY
KÉ
UN
KÝCH
1961
PADĚLÁNÍ BANK
100

1961 年捷克斯洛伐克發行 100 克朗，背面以舉世聞名的查理大橋以及城堡區做為主題

iStockphoto

過了幾年，我認識了史麥塔納、卡夫卡與米蘭．昆德拉，這座城市開始有了聲音，有了呼吸，有了生活的溫度與時間的流轉。我常沉醉交響詩《我的祖國》中絕美的韻律流動……與卡夫卡筆下的「K」，一同在古城的暗巷窄巷裡漫遊迷走……布拉格對我來說，總是帶著待解的迷茫，虛幻且充滿驚奇，它是一座充滿黑暗魅惑的故事之城。

又過些年，我踏入這荊棘滿布的世界，我在孤獨中，踽踽而行，多少年，踏過寂寞與滄桑。我在歲月的歷練中成熟，卻也失落了許多純真的浪漫與理想。不過就連我也無法理解的是，這張舊鈔總伴著我萬水千山，我曾在數不清的夜裡對著畫中的查理大橋與莫爾道河出神、發呆。它總能帶我回到過去，回到世界彼端的家，回到那泛黃、親密、溫暖的記憶深處。

昔日對遠方的戀慕，當我抵達地極天涯，卻成了莫以名之的鄉愁。

千禧過後幾年，我前往歐洲工作、研究，這張舊鈔意外地串聯起藝術與歷史，讓我開始以更專業、也更細膩的觀點進行蒐集與探索。除了課堂上針對凹凸版印刷的研究，對油墨的理解，訪問設計紙鈔的藝術家以外，更在世界許多地方與紙鈔相遇。

在荷蘭馬斯垂克的國際紙鈔年會，我面對珍稀卻無法擁有的大明寶鈔，只能徒呼奈何……在紅海畔的吉達港與漢志王國（Kingdom of Hejaz, 1916-1925）唯一一套紙鈔失之交臂，至今懊悔不已……意外地在南法普羅旺斯小城，發現全套一九五九年發行的法朗紙鈔而歡喜雀躍……走遍了全格拉斯哥的蘇格蘭銀行，才換到發行量稀少的紀念鈔……遠方的朋友寄贈難得一見，存世量稀少的滿州國舊鈔……。每張紙鈔都以自己的語言，訴說願景理想，而每張入手的紙鈔也有屬於我與它的曲折。更多的時候，單純地欣賞紙鈔本身，就是一種藝術的探索。

妳問我：「為什麼收集紙鈔？」我會拿出這張舊克朗，與妳細數前塵往事，更重要的，我想告訴妳：**「我收集的不是紙鈔，而是夢想。」**

在每張紙鈔繽紛與純粹的色彩背後，都藏著無限的心情、佚聞、事實與祕密。無論是附庸風雅的閒緻、或是人云亦云的風尚，現在，唯一需要的，是用妳好奇的雙眼，去凝視那美麗的過往。

目錄

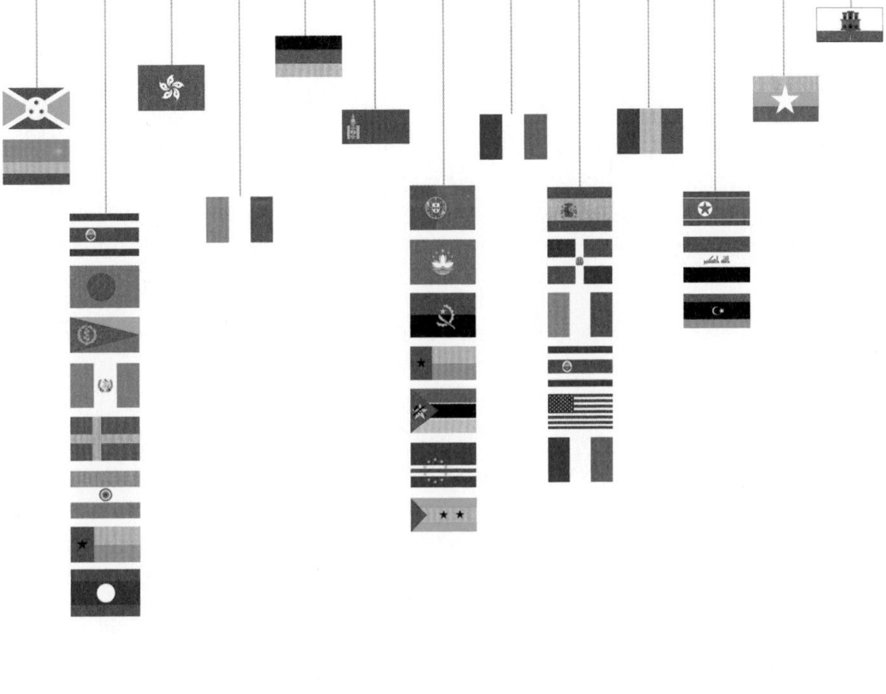

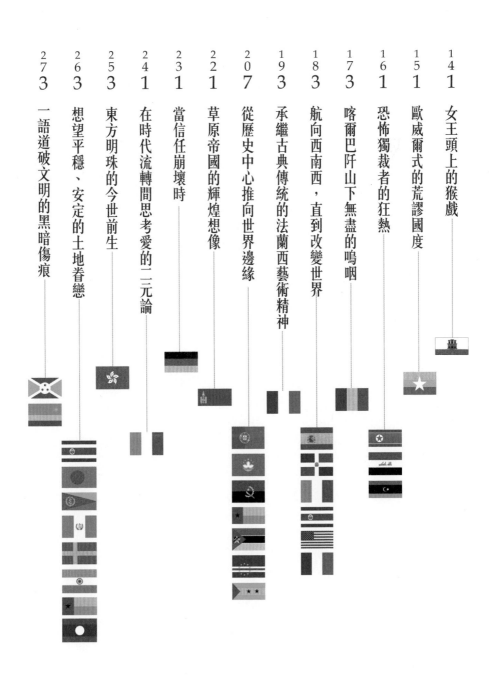

雨林深處的天堂誘惑之舞

1959 年印尼發行 1000 盧比紙鈔背面局部

印尼．千里達及托巴哥．巴布亞新幾內亞

當我凝視著那向內陸延伸而去的疊翠層巒，再也按捺不住內心的激動與奮；在山的另一邊，人類文明從未涉入……這裡的袋鼠在樹上爬，還有能抓破原住民肚皮的凶悍食火雞……。在這片幽暗的太古森林裡，有著地球上最奇特、最美麗的羽族——牠們是天堂鳥。

——華萊士《馬來群島自然考察記》（*The Malay Archipelago*, 1869）

天還沒亮，我就跟著嚮導阿布深入幽黯泥濘的叢林。雖然這兩天沒有下雨，但是樹林下層仍然窒悶潮濕，走沒十公尺遠，身上的衣服就全濕了。一行人奮力地在雨林掙扎了四十分鐘後，我們來到了一塊小小的林間空地，阿布回頭咧嘴一笑，用眼神示意我找個地方坐下，然後靜待奇蹟發生。

半小時過後，第一隻鳥飛了進來，就站在枝頭最醒目的所在。牠有著優雅可愛的金黃色頭部，尾巴則是一長串瑰麗華美的緋紅色長羽，在波希米亞式的尾端後面，另外還綴著兩根捲曲的黑色纖羽，上下左右地小幅度跳動。

一會兒之後，其他鳥兒也加入牠的行列，接下來的時刻才讓我目瞪口呆，只見樹枝上所有的鳥不約而同地露出金屬光澤的亮綠前胸，把翅膀繞著頭部形成亮麗烏黑的誇張領圍，然後張開金黃色的前喙，一起炫耀式地舞動臀部、擺盪翅膀、旋轉身體。偶爾有一兩隻淡褐色的母鳥加入舞蹈，像選秀節目裡刁鑽無理的評審團一樣，在公鳥前後品頭論足，偶爾加入合音唱和。不過牠們琴瑟和鳴的吱嘎聲，對於人來說，聽起來只能用「不堪入耳」來形容。如果這個時候，配上探戈或佛朗明哥的舞曲，那就完美無憾了！

實際上，當第一隻天堂鳥開舞之後，大家都屏息專注地欣賞天堂鳥的求偶儀式，連呼吸都不敢太大聲，深怕一有驚動，天堂鳥就逃逸無蹤。

二十分鐘過去了，樹上的舞蹈火熱進行，就在不經意的下一秒鐘，牠們突然停止所有動作（真的很突然！），然後朝四面八方飛去。我在現場，尚未意會到發生了什麼事，這場華麗的舞會就倏然結束了。

我所看見的「舞會」，其實是生物學家所說的「群集展示」（Lek Mating），也就是集體求偶競爭，不僅天堂鳥會這麼做，我們人類也有類似行為。從台北東區夜店的排舞、維也納上流名門的社交舞會，一直到南島民族的豐年祭，都是兼具生物學與文化意義的競偶大會。阿布告訴我，其實，天堂鳥舞會每次結束的方式都相同（所以不是我的錯），如果願意的話，今天下午五點，再回到相同的地方，我會看到一樣的場景（當然要另外付錢）……明天早上、傍晚，接下

天堂鳥以及其在紙鈔上的印刷呈現

來的每一天，這些鳥都會在同一棵樹碰頭、尬舞，然後一哄而散。

當年，華萊士（Alfred Russel Wallace）也是在阿魯群島（Aru Islands），記錄了相同的情境。不一樣的地方在於，當一八六二年華萊士回到倫敦時，他的行李箱內飼養了兩隻小天堂鳥，這對苦命鳥一路靠著吃米粒、香蕉，麵包裡的蟲及蟑螂，才勉強撐到英國。當這兩隻天堂鳥交到倫敦動物協會時，大家只能對華萊士頂禮膜拜。畢竟，在此之前，沒有歐洲人見過活生生的天堂鳥。

早在一五二二年麥哲倫環球船隊返回歐洲時，水手們就帶著天堂鳥的標本高價兜售。歐洲人訝異於這種鳥絢麗多彩的羽毛，以及「沒有腳」這件奇怪的事實。當大家問水手這種鳥為什麼沒有腳時，水手認真地轉述馬來商人的故事：**這種神聖的動物生活在天堂最低層，牠們不需要翅膀，也沒有雙腳，更不會停留在陸地上，神奇的天堂鳥像雲朵一樣，曼妙婆娑地飄浮在天地之間……**而且馬來人再三強調，這些鳥是無法打獵捕捉的，只有在天命將盡時，牠們會像落葉一樣墜地身亡，然後人們才有機會在密林撿拾。

因為這個以訛傳訛的古怪傳說，天堂鳥的學名被取為「Paradisaea apoda」，其中的「apoda」，在希臘文的意思就是「沒有腳」。八十八星座中的南天星座「天燕座」（Apus，意思也是「沒有腳」，是希臘學名拉丁化的結果），其實指的就是生活在新幾內亞的天堂鳥。

左上、左中──巴布亞新幾內亞的紙鈔，天堂鳥是重要的代表圖騰；**左下──**荷屬新幾內亞時期，也曾發行以天堂鳥為圖騰的紙鈔

5
BANK OF PAPUA NEW GUINEA
5
BANK OF PAPUA NEW GUINEA
5
2007
FIVE KINA
LEGAL TENDER
THROUGHOUT
PAPUA NEW GUINEA
GOVERNOR
SECRETARY
DEPARTMENT OF TREASURY
SSH070041207
SSH070041207

5
Bank of Papua New Guinea
Bank of Papua New Guinea
5
Five Kina
GOVERNOR
SECRETARY
DEPARTMENT OF TREASURY
AJ 08279518
AJ 08279518

5
5
5
UITGEGEVEN KRACHTENS HET
BESLUIT GELDREGELING NIEUW-GUIN
HE 034644
5
5
NIEUW-GUINEA
VIJF GULDEN
5
HE 034644
DE MINISTER ZONDER PORTEFEUILLE
WETTIG BETAALMIDDEL + 2 JANUARI 1950

根據倫敦林奈學會（Linnean Society of London）的統計，全世界總共有四十二種天堂鳥，華萊士在《馬來群島自然考察記》一共記錄了五種，而我只在野外看過三種，後來在峇里島天堂鳥園又看到了一種，從羽毛像寶石一樣熠熠生輝的王風鳥（Cicinnurus regius），到保育區內常見，也被稱做「紅羽天堂鳥」的幾內亞大極樂鳥（Paradisaea raggiana），每一種天堂鳥都有令其他物種難以望其項背的絢爛，每一隻即興又華麗的舞蹈都教人目眩神迷。

在神話、傳說占有一席之地的天堂鳥，自然也不會在紙鈔世界裡缺席。一九七五年脫離澳洲管轄獨立的巴布亞新幾內亞，在國旗、國徽及紙鈔發行，都有幾內亞極樂鳥的身影。舉辦超過五十年，召集幾內亞島上各原住民的嘉年華「戈羅卡大會」（Goroka Show），就可以看到許多原住民頭戴搖曳繽紛的羽毛佩飾，多半是族群數量龐大的幾內亞極樂鳥的廓羽及尾羽。

巴布亞新幾內亞的紙鈔發行，正面也是幾內亞天堂鳥，二〇〇七年之前是占滿畫面的大圖騰，二〇〇八年以後天堂鳥被格縮放置到紙鈔正面的左上角。但無論如何，天堂鳥羽高氣昂的姿態是不變的主題。

而與巴布亞新幾內亞比鄰的印尼，使用天堂鳥的次數也不少。印尼群島最東方的巴布亞省與西伊里安查亞，一九四五年到六二年是荷蘭王國的海外殖民地

戈羅卡大會中，原住民頭戴搖曳繽紛的羽毛配飾，其中包含天堂鳥的廓羽以及尾羽

「荷屬新幾內亞」（Netherlands New Guinea），五〇年代所流通的紙鈔，就是荷蘭朱利安納女王（Juliana of the Netherlands）與天堂鳥的組合，不過氣虛貧弱的構圖似乎也預示了王國日薄西山的沒落。

一九五九年由英國德拉魯有限公司（Thomas de la Rue）印製、印尼國家銀行發行的花鳥系列最受喜愛，正面以爪哇傳統紋飾，再加上傳承自德國梅里安（Maria Sibylla Merian）筆法嚴謹的植物素描，只用簡單套色突顯花草的存在感，充滿沉寂靜謐的自然氛圍。背面的太陽鳥（五盧比）、鮭色鳳頭鸚鵡（十盧比）、大白鷺（二十五盧比）、白腹海鵰（五十盧比）、馬來犀鳥（一百盧比）、爪哇原雞（五百盧比）與大天堂鳥（一千盧比），跳脫政治綁架與歷史輻射，以奧杜邦（John James Audubon）《美國鳥類》（*Birds of America*）圖鑑式生動筆觸，勾勒出強烈的生命動感，是藝術史上第一套完全以生態為主題的法幣通貨，即使只是欣賞紙鈔上精緻的凹版印刷也十分出色。

5
5

50
50

10

25
25

100
100

1959 年印尼發行的花鳥系列紙鈔，跳脫政治框架，是藝術史上第一套完全以生態為主題的法幣通貨，充滿沉疾靜謐的氛圍。畫面、印刷皆相當出色

值得一提的是，十九世紀的時尚非常愛用羽毛來做為裝飾，仕女帽、胸針、頭飾都用得到羽毛。傳說沉沒的鐵達尼號上投保金額最高的，就是四十箱精緻高雅的珍禽羽毛。如果就重量來看，當時只有鑽石的價格比羽毛高。正是這個原因，大規模的獵殺，一度還讓天堂鳥瀕臨絕跡。有鑑於此，一九〇九至一二年，英國下議院院長英格拉姆（Sir William Ingram）將只生存在印尼、新幾內亞與澳洲東北端的大天堂鳥引進千里達島，企圖繁殖生產。因此，今天我們在千里達及托巴哥共和國所發行的一百元紙鈔上也看得到大天堂鳥。

不過更諷刺的是，當全世界開始關注亞洲與澳洲天堂鳥的生態困境，紛紛加

上——千里達及托巴哥共和國發行的100元紙鈔；**下——**印尼發行的20000盧比紙鈔，同樣可見天堂鳥的影跡

A
CENDERAWASIH MERA
ULUH RIBU
AH

以保護復育的同時，加勒比海的千里達島反而開始濫捕濫殺，一九六六年以後，大天堂鳥反而在西印度群島銷聲匿跡。

觀光客拿著兩萬盧比的紙鈔（上頭也是大天堂鳥），向票亭買了一張昂貴的鳥園門票，打算在這巨大的鋼絲籠裡，找尋華萊士筆下的天堂之鳥。每個人在園中上上下下，想知道傳說中會跳舞的鳥，真實模樣究竟為何，但是我知道，如此動人的誘惑之舞，不會在這裡發生，唯有回到雨林深處，我們才有機會見識到大自然最古怪，卻也最唯美的求愛儀式。

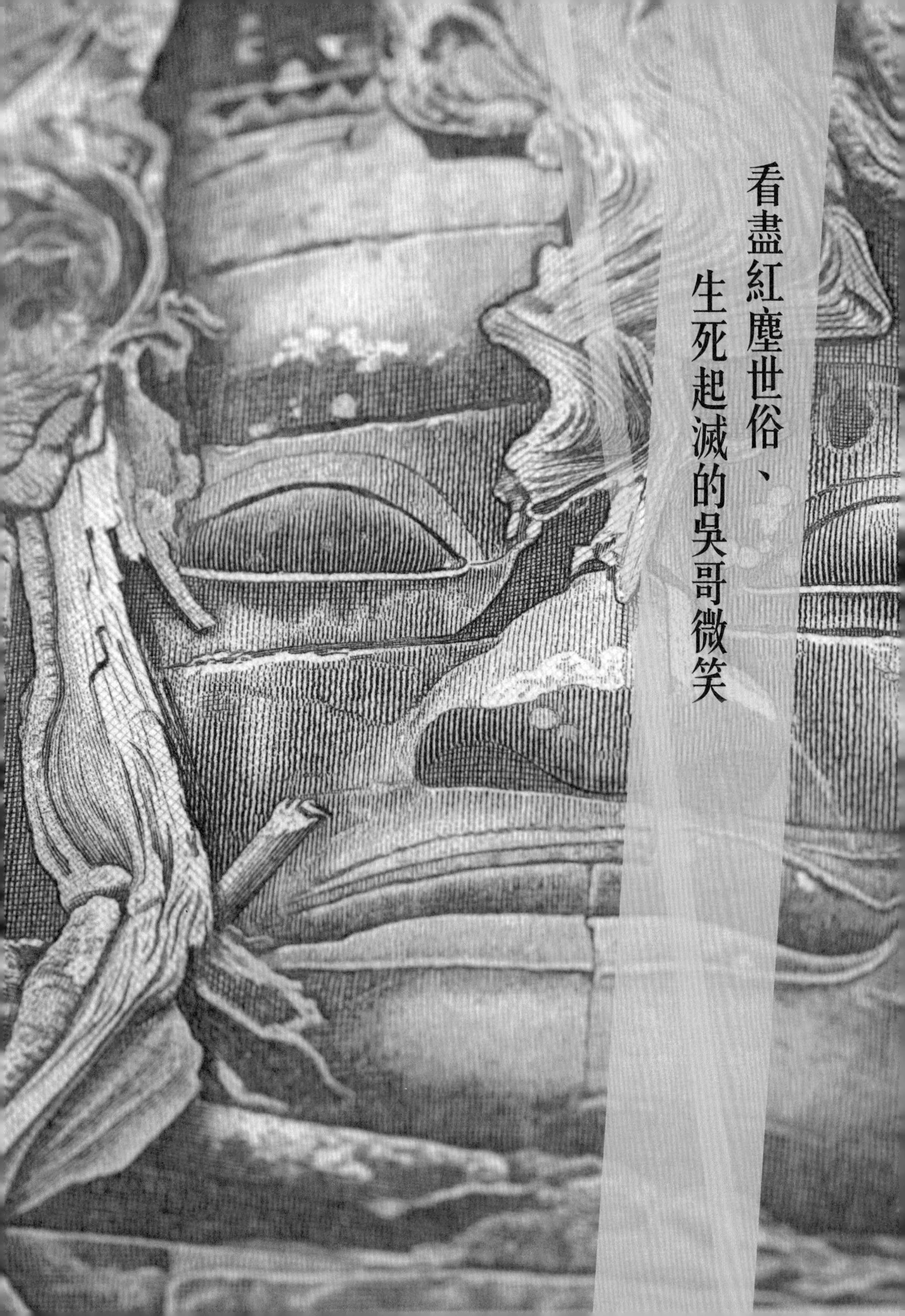

看盡紅塵世俗、生死起滅的吳哥微笑

1955 年柬埔寨王國發行 100 瑞爾背面局部

柬埔寨

戰爭消失了，橫屍遍野的場景消失了，瞋怒與威嚇的面孔都消失了，只剩下一種極靜定的微笑，若有似無，在夕陽的光裡四處流溢……。

——蔣勳《吳哥之美》

氤氳纏繞中，神祕的莞爾，自晦澀的暮光下綻放，像一抹又一抹引人遐思的漣漪，靜靜地在洪荒太虛裡低迴。

一座吳哥故都，支撐起半世的自信與驕傲。比起都城中頹圮的城牆、荒廢的水道、沒落的僧院與斑駁的皇居，那抹隱現在蔓草荒堙中巨大、端莊、平和且富有魅力的微笑，更讓旅行者傾心不已。

一九九六年仲夏，我初次踏上這片乾涸、赤貧卻樂天的古老王國。目光所及，所有的一切都深深地衝擊、撼動著我青春懵懂的心靈。剛脫離連年兵燹的柬埔寨，以羞怯的姿態迎接新生，外面世界的新奇與陌生，正緩緩地滲入日常，街上的人們踩著夢行者的步伐，像是皮藍德婁（Luigi Pirandello）筆下充滿內心戲的角色，在古國大地上恣意漫遊。

我永遠無法忘懷，第一次走在吳哥岩廟山闍黝的長廊，藉著咫尺外逐漸幽微的天光，磊磊岸然的天神毗濕奴與舞爪張牙的邪魔阿修羅，為了爭奪不老不死的甘露，各自率領軍團翻攪乳海，結合精緻細膩的雕刻工藝，與大膽前衛的構圖布局，讓神話時代的異界大戰歷歷在目。

不過，真正留存在心底的，是經歷歲月洗練，被旅行者稱為「吳哥的微笑」。微笑的主人，是闍耶跋摩七世（Jayavarman VII, 1125-1218），高棉帝國最富盛名

走在吳哥岩廟山闇黯的長廊，
咫尺之外逐漸幽微的天光

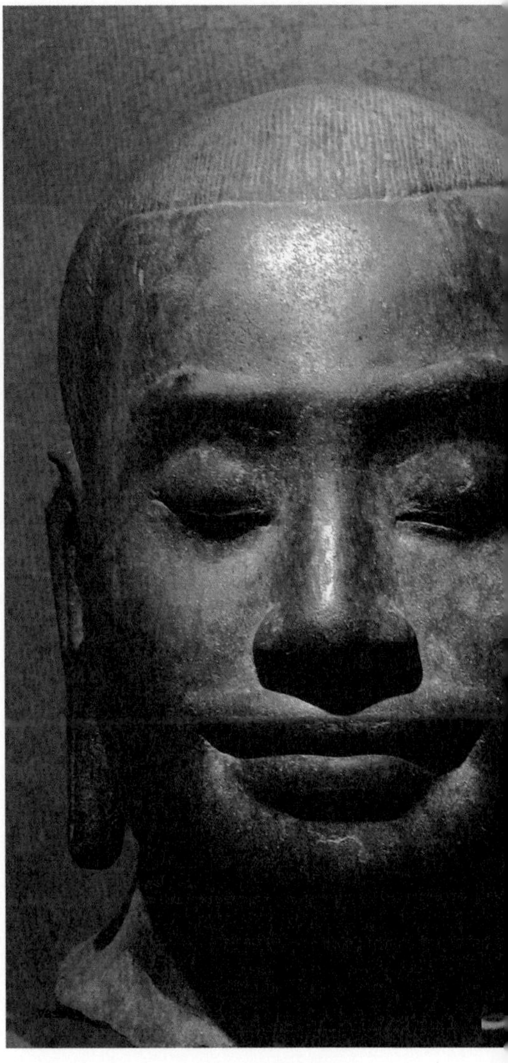

闍耶跋摩七世「微笑頭像」
（巴黎居美美術館館藏）

的統治者。身為陀羅尼因陀羅跋摩二世（Dharanindravarman II）的長子，卻在王儲之爭中輸給了弟弟——耶輸跋摩二世（Yasovarman II）。不過，無能的新王對於帝國事務一無所知，在短短的六年統治期間，境內先後爆發兩次大規模的民亂與政變，耶輸跋摩二世最後被權臣所弒。西元一一七七年占城國（今天的越南）君王闍耶因陀羅跋摩四世（Jaya Indravarman IV）乘亂入侵高棉，破城殺死僭王，並大肆擄掠京畿皇城。此時，已經五十多歲的王子闍耶跋摩七世聚眾起義反抗占城軍隊，經過四年浴血奮戰，終於將占城軍隊驅逐出境，此後登基為王，開啟接下來三十多年文治武功的黃金盛世。

根據文獻紀載，闍耶跋摩七世活了九十歲，在漫長的生命旅途中，他看盡

了燭光漫泄流螢碎的歌舞昇平，經歷了鶯飛草長繁花蕊的亡國傷痛，走過了白骨黃沙等爾歸的無情殺戮。最後，王國在他的手上再度興盛，迎向中世紀最後一道璀璨的光芒。

或許是疲了、倦了，最後，他只想閉上眼，享受片刻的避世淡漠。

闍耶跋摩七世擴建了吳哥城（Angkor Thom），修建了紀念父親陀羅尼因陀羅跋摩二世的聖劍寺（Preah Khan），紀念母親修建了塔普倫寺（Ta Prohm），而他則為自己修建了巴戎寺（Bayon）。巴戎寺這座大乘佛教（Mahayana Buddhist）寺院，是高棉帝國最後一座國家寺

上──巴戎寺的微笑佛首；**左上**──法屬印度支那於 1932 年發行的 5 皮亞斯特；**左下**──1939 年發行的 20 皮亞斯特。二者融合殖民與在地文化元素，背面皆以「吳哥的微笑」做為主題

CINQ PIASTRES
05016755
5
NQUE DE L'INDOCHINE
R.201
東方滙理銀行
伍元
GIẤY NĂM ĐỒNG VÀNG
E. DELOCHE SC.

NQUE DE L'INDOCHINE
Q.165
20
VINGT PIASTRES
844
QUE DE L'INDOCHINE
東方滙理銀行
貳拾元
20

院，也是唯一一座大乘佛教國寺。巴戎寺的浮雕共有一千兩百公尺長，生動地刻畫了一萬一千個人物。在巴戎寺的中心高台上，是一個有四十九座（今天只剩下三十七座）四面佛浮屠的塔林，加上周圍五座門塔，一共五十四座四面佛浮屠。二百一十六座以闍耶跋摩七世為典範的微笑，俯瞰著世俗紅塵，即使王國滅亡了，密林深處，闍耶跋摩七世的笑容，仍在柳暗花明間等待世界的到來。

法屬印度支那期間（1887-1954）所發行的皮亞斯特（Piastre）紙鈔，「吳哥的微笑」就是紙鈔上歷久彌新的主題。

一九五四年，柬埔寨王國脫離法國殖民統治，貨幣改制為瑞爾（Riel），「吳哥的微笑」仍是新政府偏愛的圖騰。

一九七三年所發行的一千瑞爾比較不一樣，紙鈔背面是以藤蔓纏繞的「吳哥的微笑」為主題。這張圖案不是大家習以為常的巴戎寺，而是來自另一座被稱為達松將軍廟的塔遜寺（Ta Som）。當年法蘭西探險家亨利・穆奥（Henri Mouhot）進入吳哥遺址時，很可能數以百計的頭像，都是以如此糾結纏綿的姿態盤踞。

不過在這張紙鈔的另一面，是不一樣的笑容；充滿希望，樂觀昂揚，女學

左上——柬埔寨王國於 1955 年發行的 100 瑞爾；**左下**——1962 年發行的 5 瑞爾。「吳哥的微笑」由背面移到正面做為主題

មួយរយរៀល
ធនាគារជាតិ នៃ កម្ពុជា
BANQUE NATIONALE DU CAMBODGE
CENT RIELS
100
១០០

១០០
ហ៣ 390843
មួយរយរៀល
GIESECKE & DEVRIENT — MUNCHEN

ធនាគារជាតិ នៃ កម្ពុជា
CINQ
RIELS
5
BANQUE NATIONALE DU CAMBODGE

ធនាគារជាតិ នៃ កម្ពុជា
401653
401653
ប្រាំរៀល

1973 年柬埔寨王國發行的 1000 瑞爾，背面「吳哥的微笑」來自塔遜寺。正面女學生充滿自信而驕傲的臉龐，散發出篤定而積極的光采

52949

ធនាគារជាតិនៃកម្ពុជា
BANQUE NATIONALE DU CAMBODGE
50
CINQUANTE RIELS
ហាសិបរៀល
៥០

៥០
ធនាគារជាតិនៃកម្ពុជា
096738
ប ៩
ហាសិបរៀល
096738

iStockphoto

生充滿自信而驕傲的臉龐，散發出篤定而積極的光采。國家每個人都相信，光明的未來就在不遠的前方。

不過當時並沒有人知道，二十世紀最血腥、最恐怖、最黑暗、最慘無人道的時期即將降臨。一九七〇年三月十八日，親美的朗諾將軍（Lon Nol）發動政變，成立高棉共和國，廢止君主制，親共政策的西哈努克親王施亞努（Norodom Sihanouk）流亡中國北京。柬埔寨共產黨就在這個時候壯大，「以農村包圍城市」的戰略逐步進逼，面對惡性通貨膨脹與內戰的朗諾，無能為力的共和國政府最後宣布放棄，領導者倉皇出逃，紅色高棉接管柬埔寨，開始三年又八個月近代史最冷血、最殘酷的極左統治。紅色高棉直接宣布過去所發行的

右——1956年發行的50瑞爾；**上**——1973年發行的100瑞爾背面，以大吳哥城做為主題

貨幣全部失效，共產黨將一簍又一簍印刷精美的紙鈔集中在城市的廣場焚燒，人民一夕之間從小康淪為赤貧……。接下來慘絕人寰的階級鬥爭與種族清洗，一步步將這國家推進萬劫不復的地獄深淵。

人民也失去了純真而善良的笑容。

朗諾之前的柬埔寨，被認定是東南亞最具發展潛力的國度，一九七〇年代之前的柬埔寨及越南華僑，尤其具有經濟實力。紅色高棉統治期間，華人資本大量撤退，才有後來新加坡的繁榮崛起。

三十多年後的今天，這個苦難的國家，才正要從泥沼中站起來。

一筆一畫，勾勒難以妥協的文化性格

1980 年西德發行 10 馬克紙鈔背面局部

德國

當你直視著黑暗時，黑暗也直視著你。

——尼采

這是一幅難以理解的畫作。

孤獨、沉重。

畫面右邊背著翅膀的成年女子，是「憂鬱」的具體化身，熾灼如焰的眼神，燃燒著欲求不滿的渴望，但奇異的是，畫中有種黏滯的空氣，讓女子動彈不得。女子身旁散落一地的尺規、鋸子、刨刀、鐵釘，帶點無所是事的焦躁煩悶，即使想有所作為，卻被無以名之的愁緒所束縛，這幅名為《憂鬱 I》（*Melencolia I*），具有古老悠久的傳統。**中世紀人們將生物劃分成「四種氣質」，是來自於體內的「四種體液」——血液、黏液、黃膽汁和黑膽汁。**每個人的外在肢體和內在性格，都會受到這四種基本體液濃度的影響。

而「憂鬱」是由黑色膽汁（Boreas）所產生，被認定為四種氣質中最惡劣的一種：心懷無明、憤懣、沉默和憂鬱，不幸的是，「憂鬱」也被認為是藝術家最重要的氣質。

圖中出現大量的工具，是藝術自由的象徵，也暗示了藝術家的創造力，幾何圖形則進一步指出造物者所訂定的宇宙運行規則。而這一切都源自於「憂鬱」

杜勒銅板刻畫名作《憂鬱 I》

的思考能量。畫面上看似雜亂的人事物，都有各自不同的象徵意涵，但都指向了相同的中心主題——藝術家內心的風暴與苦難，是創作靈感的唯一源泉。

這是德國中世紀末期、文藝復興藝術大師杜勒（Albrecht Dürer）的銅版刻畫最高傑作，嘗試對上帝的「創造」與藝術家的「創作」做出完整的自我表述。

杜勒可說是第一位全方位的視覺藝術工作者，至少是北方文藝復興時期的第一人。一四七一年出生在巴伐利亞的紐倫堡，年幼時就顯現出無與倫比的天賦，但養成杜勒獨一無二藝術觀點與技法的，不是學院的美術訓練，而是勇往無畏的旅行。杜勒克服日耳曼民族對大自然的深層恐懼，不止一次越過崇峻的阿爾卑斯、在世界級的商業、娛樂與文化大都威尼斯打工遊學、以徒步刻苦的背包客方式走遍法蘭德斯地區（北法、比利時、荷蘭及德國萊茵河出海口附近）、還有在嚴冬操作著小船出海，花了六天的時間尋找迷途擱淺在澤蘭（Zeeland）外海的鯨魚。

與和他同時代的達文西一樣，杜勒以藝術形式記錄他所看到的一切，從傳世的速寫筆記與草圖之中，不難發現他旺盛的好奇心與求知欲：拖著長長尾巴的慧星、包覆著鱗片盔甲的異國巨獸、十八呎高的巨人遺骨、驚人的連體雙胞胎、布魯塞爾擠了五十人的大床、路旁不知名的野花、雪地裡的兔子……

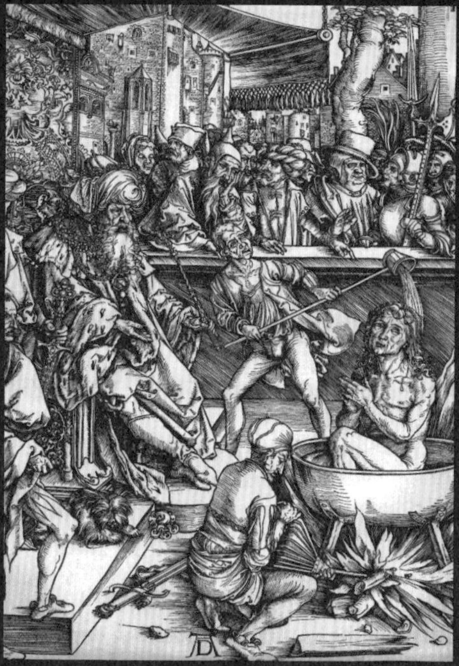

不管杜勒看到什麼，都鉅細靡遺地將它們畫下來。

透過不斷的移動，杜勒以無比清晰的目光與精準純熟的技巧，摹寫及思考天地萬物的奧祕。

二十多歲時，杜勒就已經是名滿天下的木刻版畫大師，一四九八年具有強烈末日預警的《啟示錄》（Apocalypse）系列，是我心目中足以和米開朗基羅在西斯汀禮拜堂《創世紀》並駕齊驅的劃時代經典。杜勒的創作突破天然材質的侷限，揚棄了樸素簡易的繪圖風格，大膽以細密繁複的木刻版進行構思。《啟示錄》以黑白灰階來表現舞台景深，透過疏密有致的線條間距，來呈現戲劇性、深具舞台效果的光影變化，為焦慮不安的世紀末，帶來神祕恍惚的異象啟示。

上—杜勒木板刻畫《啟示錄》部分作品

杜勒帶來的變革不僅限於木刻版畫上。旅居威尼斯期間，這位來自日耳曼的年輕人曾經走遍千年海都的每個角落，去探訪隱身於暗巷曲弄裡的藝術珍寶；祭壇畫、雕刻、馬賽克鑲嵌、繡毯錦織……杜勒悉心研究義大利文藝復興藝術的溫潤、精緻、與人與世界的熟慮深思，他仔細地揣摩眼神、手勢、髮流、體態、肌膚上粗細紋理與緊實鬆弛，來呈現臉孔下不為人知的種種心事。杜勒擁抱地中海的明亮與色彩，同時也將它帶入油彩繪畫。

一五〇〇年，杜勒為自己畫下一幅令觀者印象深刻的自畫像。在圖中，身著貂皮輕裘、長髮過肩的中年男子，篤定安詳地正視前方，在真摯中流露出堅強莊嚴的心理感受，深褐略帶橘紅的暖色調，稍稍打破我們與畫的距離，卻也加深了肖像畫幽微隱祕的宗教情感。這位二十九歲的畫家，將自我形象與耶穌基督結合，像是宣告中世紀藝術的終結，與新世界的降臨，杜勒就是代表全體人類，與上帝締訂新約的使徒。

不僅如此，杜勒在畫面右方以手抄聖經的哥德體寫下：

我，阿爾布雷希特．杜勒
以永恆的顏料
畫下自己的容貌
主後一千五百年

並且簽下極具個人風格的註冊商標：AD。

杜勒不僅為自己的容貌留下紀錄，更為其他同時代的人們留下永恆形象。與《自畫像》一同被收藏在慕尼黑老繪畫博物館（Alte Pinakothek）的《奧斯沃德．克雷爾肖像畫》（*Portrait of Oswolt Krel*, 1499），是另一幅偉大之作。杜勒以充滿壓迫感的構圖方式，堆積出肖像主角克雷爾的強烈性格，畫面雖然不大，豐沛能量呼之欲出，克雷爾強而有力，蘊藉無名怒慍的雙眼，將視線向右偏移，

緊握皮草的左手，堅毅的嘴邊線條，克雷爾桀驁不馴的氣質溢於言表。

德意志聯邦共和國（俗稱的西德），於一九七〇至八〇所發行的馬克，就以杜勒所繪製的人物肖像畫為主題。五馬克上是具有個性美的《威尼斯女子》（*Portrait of a Venetian Woman,* 1505），大膽露骨的低胸款式，細頸上內斂貴氣的黑色項鍊，在在都顯示出肖像女主角，可能是威尼斯著名的上流交際花。另一幅《伊莉莎白・塔克》（*Portrait of Elsbeth Tucher,* 1499）的肖像則出現在二十馬克，削瘦、雙眼微凸，畫家暗示伊莉莎白可能在飲食中缺碘，或是罹患輕微的甲狀腺亢進。

除了杜勒以外，日耳曼地區的畫家開始積極投入肖像的創作，追求以更具個性的詮釋，表現人物的心理張力，

杜勒畫作《奧斯沃德・克雷爾肖像畫》

上——1970 年代西德發行 5 馬克；**下**——1970 年代西德發行 20 馬克，兩者皆以杜勒肖像畫做為主題。**左**——杜勒於 1500 年完成的自畫像，以及兩幅肖像畫原作

1500
Albertus Durerus Noricus

CR7649193V
Banknote
ZEHN
DEUTSCHE MARK
10
DM
DEUTSCHE
BUNDESBANK
Pam Schlesinger
Frankfurt am Main
2. Januar 1980
ZEHN
DEUTSCHE
MARK

KF9564162B
Banknote
FÜNFZIG
DEUTSCHE MARK
50
DM
DEUTSCHE
BUNDESBANK
Frankfurt am Main
1. Juni 1977
FÜNFZIG
DEUTSCHE
MARK

NM0871957D
Banknote
HUNDERT
DEUTSCHE MARK
100
DEUTSCHE
BUNDESBANK
Pam Schlesinger
Frankfurt am Main
2. Januar 1980
HUNDERT
DEUTSCHE
MARK

Y1759175A
Banknote
FÜNFHUNDERT
DEUTSCHE MARK
500
DM
DEUTSCHE
BUNDESBANK
Frankfurt am Main
1. Juni 1977
FÜNFHUNDERT
DEUTSCHE
MARK

十及一千馬克的《無名男子》與天文學家 Johannes Scheyring 的半身肖像，是由來自薩克森地區的老盧卡斯．克拉納赫（Lucas Cranach der Ältere, 1472-1553）所繪，不同於高度擬真的杜勒，我喜歡老克拉納赫以更溫暖的色澤來鋪陳人物，堆疊出屬於世故人情的從容，進而營造出完全不同的性格場域。老克拉納赫筆下的人物，表情更細微、動作更講究，同時在細節中也隱藏了更多複雜的思緒與任性。

看看老克拉納赫為馬丁路德所畫的肖像就知道，任何人都能直接感受到馬丁路德倔強、剛愎、不服輸，略帶神經質的偏執。

五十馬克的肖像是貝海姆（Barthel Beham, 1502-1540）所繪《帶著孩子的男子》（*Portrait of Hans Urmiller with his Son*, 1525）。深凹眼眶裡的堅毅與柔軟，以及咬緊牙根後難以掩飾的疲憊，貝海姆傳神地道出為人父母的沉重蹣跚。

曾經說過「對自然的敬畏，就是知識開端」的塞巴斯汀．繆斯特（Sebastian Münster），是第一位繪出四大洲地圖的數學家、博物學者。一百馬克上的主角，畫家安貝格（Christoph Amberger, 1505-1562）一五五二年為繆斯特所繪的肖像，混合了任重道遠的嚴肅與自負，這是文藝復興人文學者獨有的名家風範，即使安貝格的作品不多，僅此一幅，就足以讓我們佇足流連。

由上而下——西德發行 10 馬克，肖像為克拉納赫作品；發行 50 馬克，為貝海姆作品；發行 100 馬克，為安貝格作品；發行 500 馬克為馬勒作品

最後是漢斯．馬勒（Hans Maler zu Schwaz, 1480/1488-1526-1529）的《無鬚男子》，被安置於五百馬克最醒目的所在。漢斯．馬勒出於對細節的迷戀，幾乎是以工筆的方式，小心翼翼地拓出無名男子的沉著堅韌。

有沒有發現，每位畫中男子，無論年紀，都不約而同地壓下嘴角，而不苟言笑的嚴厲線條，帶出了難以妥協的文化性格。

「Er fühlt isch nicht wohl in seiner Haut——他對皮囊下的自己感到不自在」，根據埃米爾．路德維希在《鐵血與音符》裡的說法，德國人從來就「不滿意自己」。這種不滿，分布在德意志精神光譜的兩個極端，可以從作曲家舒伯特在《流浪者》中「沒有你的地方，就有快樂」，充滿厭世消極的悲觀，只想擁抱些許寬慰的卑微，以及歌德《浮士德》裡想超越一切，「去尋覓那永恆的一瞬」的貪得無厭來理解。

為何一個創作出音樂、文學、科學奇蹟的民族，卻在每個世紀發動戰爭呢？

解讀鈔票上人物肖像細微的眼神、姿態，或許，就能明白他們在兩種極端之間，來回拉扯的病態執迷與自我矛盾。

制定時尚流儀的理性之美

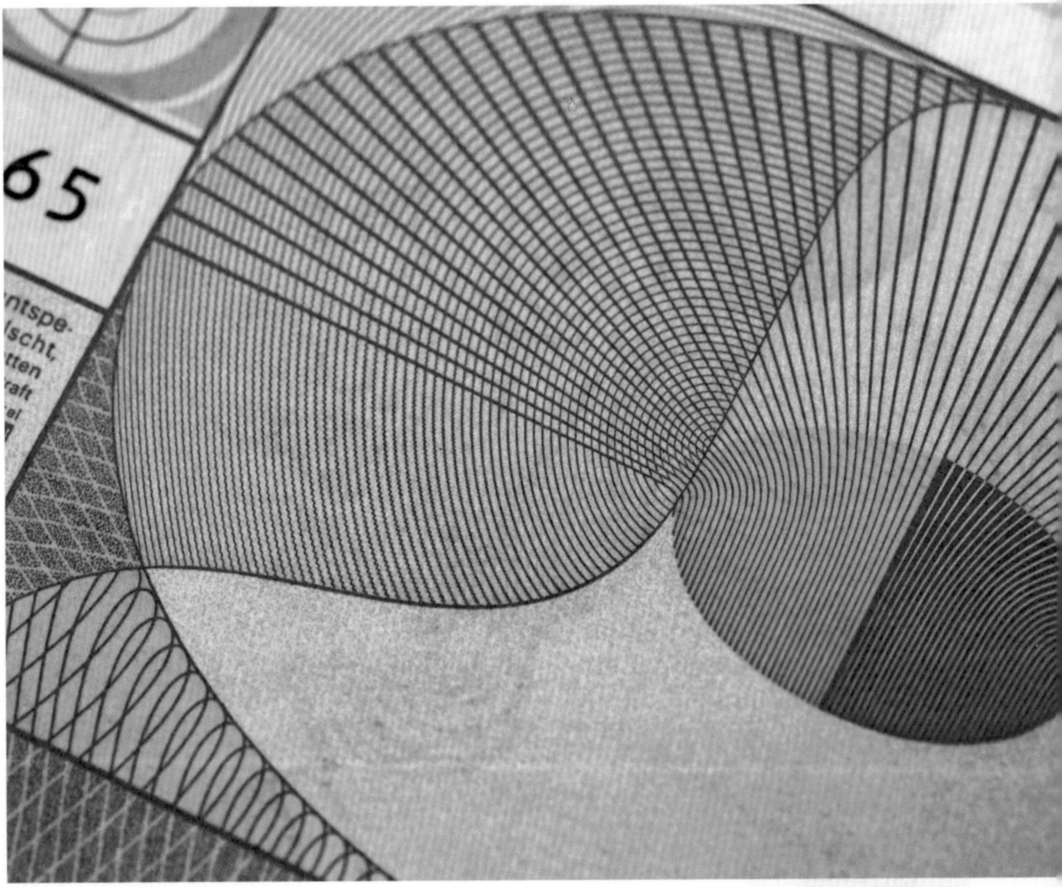

1968 年荷蘭發行 10 荷蘭盾紙鈔背面局部

二 荷蘭

真正的自由，並非相互性的平等（equality），而是價值上的對等（equivalence），在藝術中，每個形狀與顏色都有它不同的面向與位置，但它們的價值是相等的。

——蒙德里安（Piet Cornelies Mondrian, 1872-1944）

一九六五年，法國時尚設計師聖羅蘭（Yves Saint Laurent），推出了六件無袖羊毛連身裙，輕盈俐落的剪裁，大膽使用黑色線條與原色方塊，在時裝週一出場，迅速登上法文版《Vogue》九月號封面。聖羅蘭將幾何創作化為服飾圖騰，徹底顛覆了普羅大眾對時尚的認知。

聖羅蘭的創作靈感並非無中生有，來自於荷蘭風格派（De Stijl）與非具象繪畫藝術家蒙德里安的創作《構成．紅藍黃》（*Composition in Red, Blue, and Yellow*）。《構成．紅藍黃》是蒙德里安風格派的代表經典。首先，它的背景是扎實飽滿的純白，延伸自達文西的繪畫理念：白色能為畫作提供澄淨純粹的舞台。畫面中，藝術家厚實的顏料畫出垂直、水平等不同粗細的黑色線條，架構出非對稱，充滿運動感的二維視覺空間，然後在方塊之中填入紅、藍、黃等三原色，創作出具有高度邏輯性、理想性，卻也極度抽象的新形式藝術。

這幅令人費解的繪畫作品，卻是蒙德里安最核心的藝術概念，他的目標在「將宇宙間的萬事萬物，化約成最基本的元素——色彩、幾何、直線與平面，然後以最純粹的方式表達萬物相似之處……」蒙德里安指出，所有自然形式都要消除，因為「自然造形是藝術真正的絆腳石」，藝術家應該充分使用色彩與幾何，創作純粹、具有數學性的作品。蒙德里安相信，風格派的新造型主義，可以大量被應用於建築、工業及時尚設計之中。

風格派運動的藝術理念，受到設計界的廣泛支持，例如設計出紅藍椅與施洛德住宅的里特費爾德（Gerrit Rietveld, 1888-1964），阿姆斯特丹市區內國家戰爭紀念碑的設計師奧德（Jacobus Oud, 1890-1963），當然，還有時尚大師聖羅蘭。

聖羅蘭擁有四幅蒙德里安的畫作收藏，其中就包括《構成・藍紅黃與黑》（*Composition avec bleu, rouge, jaune et noir*, 1922）。根據他的說法，蒙德里安所創造的藝術折射出「無以復加的純粹性」，單純的排列組合，就能夠呈現深奧的簡潔。

我在倫敦的維多利亞和艾伯特博物館（Victoria and Albert Museum，簡稱V＆A）所看到的，正是聖羅蘭當年撼動時尚界的經典之作。即使過了半世紀，深具未來感與動能的「蒙德里安系列」依然前衛、撩人。接下來更啟發了Francesco Maria Bandini、Wendell Rodricks與Miuccia Prada的幾何剪裁與拼貼、Christian Louboutin的紅底鞋、Horloges掛鐘、與Kara Ross所設計的配飾肩包，都和蒙德里安的風格派有直接關聯。

同樣地，風格派的設計哲學，也改變了荷蘭對紙鈔的美學觀點。

長久以來，荷蘭文化就具有理性與清晰的特色。文藝復興時期人文思想家伊拉斯謨（Desiderius Erasmus, 1466-1536）、《國際法》與《海洋法》的鼻祖格勞休斯（Hugo Grotius, 1583-1645）、賦格曲式的先行者，管風琴大師斯韋林克（Jan Pieterszoon Sweelinck, 1562-1621）、發現獵戶座大星雲與

蒙德里安《構成 · 紅藍黃》

土星環的天文學家惠更斯（Christiaan Huygens, 1629-1695）、建立微生物基礎的雷文霍克（Antonie van Leeuwenhoek, 1632-1723）、理性主義最具代表性的哲學家斯賓諾莎（Baruch Spinoza, 1632-1677）、臨床醫學與現代醫學教育的奠基者布爾哈夫（Herman Boerhaave, 1668-1738）……等，**這些人窮盡一生，嘗試運用理性與感知，去釐清闡釋一個我們肉眼無法得見的世界。畫家林布蘭、維梅爾、哈爾斯，一直到梵谷、艾雪與蒙德里安，同樣也透過藝術創作去深掘表象底下的精神世界。**

一九五三年，由荷蘭中央銀行（De Nederlandsche Bank）所發行的荷蘭盾（Gulden）系列，隱約可以看見現代主義的影子。從小面額的十荷蘭盾，到巨額的一千荷蘭盾，正面都是歷史人物肖象，背面採用繁複縝密的形式構圖，流露出秩序與和諧之美。

不過真正的大轉向，是一九六六年以後的紙鈔風格，藝術家奧克斯納爾（Ootje Oxenaar）將企業形象的視覺識別概念帶入荷蘭盾設計，結合蒙德里安風格的幾何觀點，創造出前所未見的紙鈔風格。

這套發行看似簡單，但它卻是貨幣史上印刷難度最高的系列之一。

左上——1953 年荷蘭發行 20 荷蘭盾，正面肖像為布爾哈夫；**左中——**1953 年荷蘭發行 100 荷蘭盾，正面肖像為伊斯拉謨；**左下——**1953 年荷蘭發行 1000 荷蘭盾，正面肖像為林布蘭

DE NEDERLANDSCHE BANK
TWINTIG
GULDEN
20

3AG017477
20
3AG017477

DE NEDERLANDSCHE BANK
100
HONDERD GULDEN

5UM018213
100
100
5UM018213

DE NEDERLANDSCHE BANK
1000
DUIZEND GULDEN

AC010406
DNB
1000
AC010406

設計師簡化正面人物肖像的細節，讓畫面看起來乾淨素雅，以線條取代填色，並且運用深凹版印刷加強線條的立體感，去除原畫的透視深度，取而代之的，是風格化的平面設計。背面則是更直觀也更抽象的圖形組合，呈現荷蘭人精確中肯、對理性執著的精神特質。值得一提的是一千荷蘭盾上的斯賓諾莎，在右耳的髮捲中奧克斯納爾神來一筆地按入自己的指紋，形成獨一無二的設計特徵。

到了七〇年代，紙鈔設計更加天馬行空。七七年至八五年所發行的荷蘭盾系列，展現了法蘭德斯文化兼容並蓄、寬宏開放的光明面。在設計提案上，荷蘭中央銀行決定讓奧克斯納爾放手一搏，設計師也不負眾望，交出張漂亮的成績單。設計師大膽放棄具有歷史、宗教與個人意義的圖案當做樣版，反而採用向日葵、針尾田鷸與 West Schouwen 燈塔當做題材，緻密的細節及亮麗的色彩，道出人與大自然的親密互動。我尤其喜愛這套紙鈔的浮水印，五十盾是蜜蜂、一百盾是

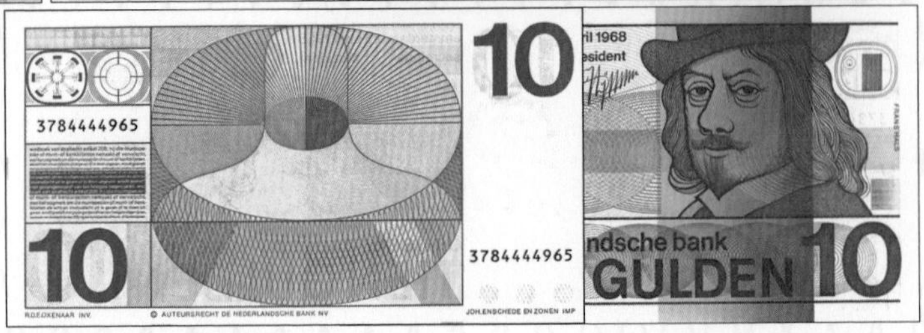

上——1972 年發行 1000 盾紙鈔，以斯賓諾莎做為主視覺，髮捲中的指紋是神來一筆；**下**——1968 年發行 10 盾紙鈔

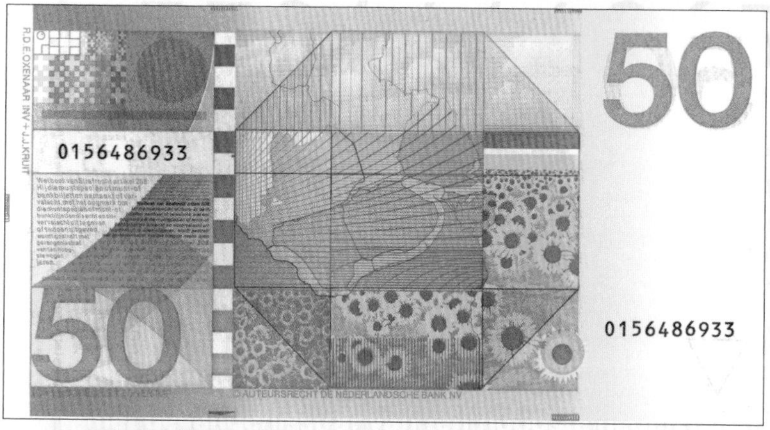

1977 年至 1985 年荷蘭發行一系列荷蘭盾，既世故又充滿童趣，顏色亮麗、細節豐富，直至今日還是廣受眾人喜愛的紙鈔經典設計

田鷸，面額奇特的二百五十盾，則是設計師奧克斯納爾女友所養的寵物兔。

將所有細項統合起來，你會發現這是一套世故優雅，卻又不失純真童趣的紙鈔系列，也難怪直到今天，它仍然是設計的經典代表。

奧克斯納爾的設計，也影響了荷蘭王國的海外領地紙鈔風格，二〇一〇年解體的荷屬安地列斯（Netherlands Antilles）就是最好的例子，一九八六到二〇一四年所流通的紙鈔，以帶有亮澤的單色油墨處理，讓票面充滿了掠影浮光式的虹彩。我喜歡它延伸自一九七七年的鳥類圖樣，及數學邏輯的幾何分割，簡單、設計感十足，散發出樸質又貴氣的視覺感受。

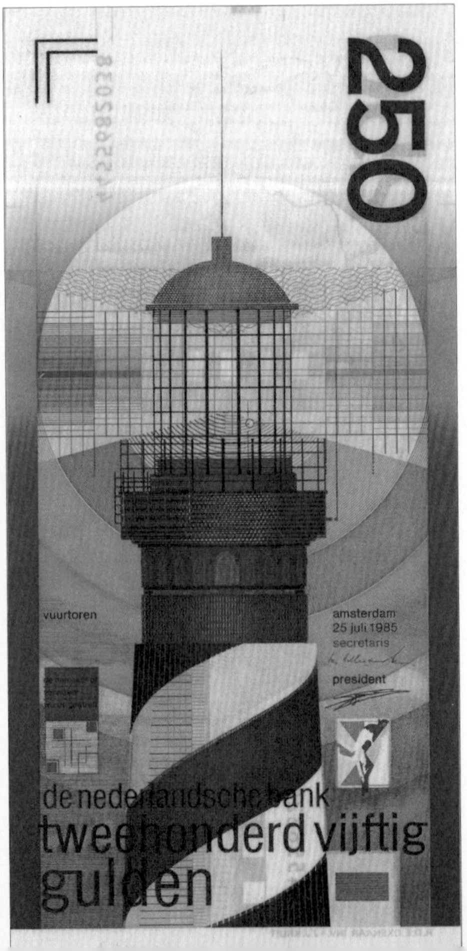

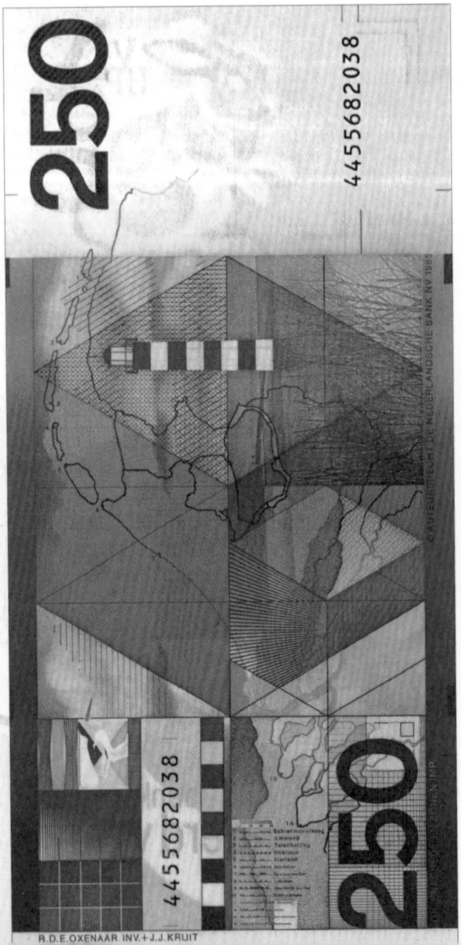

1985 年發行 250 荷蘭盾，為奧克斯納爾紙鈔設計代表作

上—荷屬安地列斯 1986 年發行 250 盾紙鈔，結合數學邏輯與自然；**中—**1997 年發行 10 荷蘭盾；**下—**1992 年發行 100 荷蘭盾。下兩者以充滿動能的幾何組合為主題，科技感十足

一九八九年至一九九九年間所發行的末代荷蘭盾系列，就完全進入非具象的藝術領域。與其說是蒙德里安風格，它更像是立體派（Cubism）與未來主義（Futurism）的結合。荷蘭皇家印刷公司（Royal Joh. Enschedé）以充滿動能的幾何組合為主題，機械化的程度幾乎接近了電腦繪圖。這個版本的荷蘭盾紙鈔之所以如此表現，和世紀末（Fin de siécle）的躁動不安、悲觀、無秩序有密切關聯。

末版荷蘭盾秉承荷蘭黃金時代的理性精神，追求內在平衡的宇宙秩序，設計師回歸使用三角形、方形、圓形及其變形來做科學化的鑲嵌，就連色彩配置也徹底地系統化，因此看起來就像是電腦繪圖的成果，在物理真實與想像空間中交錯互動，捕捉人類感知的不確定性；在平面裡凸顯立體，在靜態中開啟動能，給人某種「未來充滿可能與希望的正向樂觀」。

荷蘭盾的流通，隨著二〇〇二年歐元的發行而退出市場，但是在許多人的心目中，一九八二年所發行的太陽花，和梵谷筆下的向日葵一樣，永遠留在屬於「美」的永恆。

流水浮雲間的若夢繁華

現行版 5000 日圓紙鈔背面局部

日本

飄渺的愛、熱切的愛，無論是哪種形式的情感，都要一一道來……因為這都是我們走過的痕跡啊！

——紫式部《源氏物語》

韶光荏苒，我們所熟悉的世界，一點一滴地，蹉跎消逝於再也喚不回的歲月之中。

還好，藝術為我們的記憶，捕捉稍縱即逝的美好瞬間，寄託了我們對生命的真實情感，也傳達了某些在庸碌日常中被忽略的微妙感受。

酒紅、紫紅、緋紅、粉紅、桃紅、深紅、豔紅……遍野的杜鵑，像燎原野火般地向四面八方燒去。我踏著滿地殘紅，拾級而上，三室戶寺的山門近在眼前。

位於京都南方，宇治東山的三室戶寺，自古以來就以「花之寺」聞名，春

現行版 5000 日圓，背面以燕子花做為主題圖案

天「紅雲一抹泛朝霞」的山櫻，夏季「何年植向仙壇上，早晚移栽到梵家」的紫陽，「停車坐愛楓林晚，霜葉紅於二月花」的晚秋，「枯寂滄涼，今朝冷月凝千里」的冬雪……在騷人墨客的抒懷裡，三室戶寺是寓意寓情的動人所在。

來到宇治三室戶寺，除了欣賞季節感十足的花訊外，記得求一張御朱印——「宇治十帖・浮舟」，在這寥寥數筆的揮灑背後，訴說著戀愛成就的千年繁華。

我們在京都的博物館內，時常可見古書、色紙、短冊等書道作品，不同於中國宋明清三朝筆法整飭、典畫謹嚴的雕梓楷書，日本古典文學書幾乎都是優柔洗練、高度女性化的草書，書籍刊工雖然不若中國來得精巧，裝幀卻另有明晰亮麗的感受。

日本具有自我個性的書法「流儀」（りゅうぎ），和平安時代（784-1192）的貴族文化有密切關聯，當時最有權勢的藤原氏，是朝廷中最有勢力的政治

宇治三室戶寺「宇治十帖 ・ 浮舟」
御朱印，展現日式柔弱洗練的風格

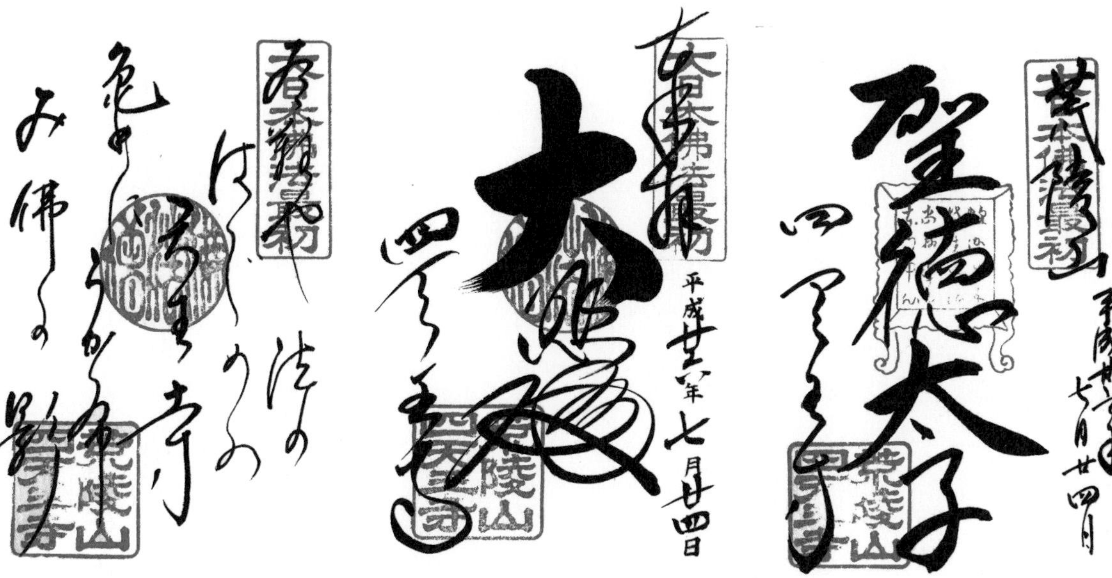

家族，影響大和朝廷政治、文化、經濟、宗教將近三個世紀之久，當時被稱為「公家」（くげ）的藤原氏有許多分支，各別以居住在京都的地方而取名為「冷泉家」、「持明院家」、「二条家」、「九条家」等等。後來武家勢力抬頭，貴族公家被迫失業，為了謀生糊口，公家們開始教授詩歌及書道，政治仕途的末路窮途，反而開啟了細膩非凡的「公家文化」，並且在後來武家執政的幕府時代發光發熱：冷泉家以定家流的歌道與書道、藤原北家的京極派和歌、鷲尾家的神樂、伏見院家的皇室書法、甚至是講究

日本各地僧院神社的御朱印，
受到「公家」文化的深刻影響

「侘寂」的茶道，三千院與桂離宮的茶室露地，乃至於各地僧院神社的御朱印，妳都可以看到公家文化的深刻影響。

就在公家文化初綻芳華的十一世紀，故事舞台位於若夢繁華的平安京，當時宮廷出現了兩位風格迥異的女性作家：一位是《枕草子》的作者清少納言，另一位則是《源氏物語》的作者紫式部。

出身於公卿名門的紫式部，本姓藤原，因為父親藤原為時及兄長藤原惟規先後任官「式部丞」（相當於今天的教育部長），當時的人便稱她為「藤式部」。後來又因為《源氏物語》女主角「紫之上」大受歡迎，「藤式部」才被改稱為「紫式部」。

每個人鍾愛《源氏物語》的理由不盡相同，以文學成就來看，《源氏物語》的恢弘與托爾斯泰《戰爭與和平》，或普魯斯特《追憶似水年華》相當，嘗試在失重扭曲的情感中，重新定義世界及自我。以個人的觀點，我喜愛《源氏物語》著重在舉手投足與蹙眉顰笑間的細膩捕捉，還有對大自然的豐沛感懷：暮春時節的繽紛落英、夏夜劃破銀河的流星、晚秋夜寒池塘漸凍的薄冰、隆冬細雪繚亂的迷濛，都能觸動我們內心的愁怨，引發我們對無常的省思與體悟。

日本美學中的「物哀」（もののあはれ），在紫式部的筆下有了最淋漓的宣洩。

《源氏物語》時間軸長達七十餘年，歷任四位天皇，人物將近四百四十名，正因為小說篇幅驚人，為了方便閱讀，《源氏物語》也發展出描摹典雅端麗的圖文解說版，以滿足不同閱讀群眾的喜愛偏好。畫師在卷軸上以工筆勾勒人物形象，並繪上強烈濃郁的色彩。這類被稱之為「作繪」的畫作，在貴族仕女間十分受歡迎，分別收藏在東京都五島美術館，以及名古屋德川美術館的《源氏物語繪卷》，正是平安時代末期最具代表性的藝術傑作。

繪卷比小說還晚近一世紀，根據考證，《源氏物語繪卷》原作全套共十卷，以小說的五十四帖為敘述核心，每一帖取一至三幅場景創作，總數約

《源氏物語》第 44 回繪卷「竹河」

九十幅，分別以「圖繪」和「詞書」兩種形式切入故事。

「圖繪」有如平安時代的蒙太奇，光是影像畫面的角度就夠吸引人了；而「詞書」則是以書法格式寫下小說中的某一段文字，有人物對話，有個人獨白，也有場景敘述。不過歷經千年雨雪風霜、兵燹雷火，今天，只剩下十九幅傳世。

公元二〇〇〇年，日本為了紀念千禧年，及當年於沖繩舉行的G8八國領袖高峰會，特別發行面額二千日圓的紀念鈔。有別於其他面額的人物肖像，二千圓紙鈔正面印著沖繩首里城中的「守禮門」，背面則以《源氏物語繪卷》第三十八帖「鈴虫」為主題。

上—《源氏物語》第 49 回繪卷「宿木」；
左—2000 年發行 2000 日圓紀念紙鈔，正面圖樣為「守禮門」

2000
GA275684D
日本銀行券
弐千円
日本銀行
守禮之邦
GA275684D
2000

守禮之邦

攤開二千圓紙鈔背面，畫面由左而右，依序是相貌端秀的冷泉天皇，坐在對面的是小說主人公光源氏。故事講的是八月十五，以源氏為主的一行人拜訪退位隱居的冷泉天皇，通宵達旦地吟詩、唱歌、飲酒、聊天……。

原畫的右下角還有一群公卿在朱欄旁吹笛評彈，在二千圓紙鈔中則以《紫式部日記繪卷》所描繪的紫式部，替代附庸風雅的貴族男子。在冷泉天皇與光源氏畫面的下方，則是藤原伊房的書法，平安時代的蘊藉儒雅，行走在流水浮雲的字裡行間，華麗瑰美卻不造作。

上左──《紫式部日記繪卷》中描繪藤原道長拜訪紫式部的畫面，以及 2000 日圓紙鈔上的局部特寫

NIPPON GINKO
2000
2000 YEN

或許，我們不太有機會到博物館，欣賞娟秀雅緻的和式書法，但我們可以透過旅行，蒐集那些具有紀念與文物價值的御朱印與紙鈔。**當我們再回頭，悉心端詳這紙上溫潤的筆墨與纖麗的線條時，對日本古典文學及繪卷藝術，似乎就有一點不一樣的感受。**

荒謬與虛無，
交融成不願醒來的夢境

1964 年阿爾及利亞發行 100 第納爾背面局部

阿爾及利亞

這些年輕人，這些阿拉伯年輕人，毫無忌憚地享受青春，沉溺逸樂……浪蕩放縱的天賦，就是他們的印記。但浪蕩的日子來得快，去的也快。這些年輕人很早就結婚成家，接下來，僅僅十年的時間，就窮盡他們的一生……三十歲，就已經打完手上所有的好牌……。

—卡繆《快樂的死》（*La mort heureuse*）

每位文學家都有屬於自己的城市，或者說，每座城市都有自己的文學家，透過文字意象，構築成獨一無二的人生風景。卡夫卡的布拉格，是一座巨大、詭密，沒有出口的迷宮；錢德勒小說裡的洛杉磯，是幽魂與遊民糾纏不清的殘酷都市；波赫士筆下的布宜諾斯艾利斯，是一場又一場既優雅又野蠻的超現實舞會。對於卡繆而言，巴黎並不適合思考，北非的阿爾及利亞，才是他不願醒來的夢境。

午後的阿爾及利亞首都阿爾及爾，街頭意外的冷清。驕縱的陽光，在白熾中帶有梵谷的普羅旺斯色調，映襯著輕盈的藍與斑駁的白，交融成卡繆筆下坐困愁城的文學印象。

雖然阿爾及利亞與摩洛哥、突尼西亞同為地中海南方的阿拉伯國家，但在文化性格上有很大的差異。不同於色彩鮮明的摩洛哥，或是古拙樸質的突尼西亞，阿爾及利亞首都阿爾及爾，處處透露出破敗與不堪，彷彿自卡繆離開後，這座城市從此就浸淫在回憶與傷感之中。當然，這可能只是旅行者為賦新辭強說愁的自作多情。

嚴格上來說，卡繆眼中的阿爾及利亞並不浪漫，至少他對阿爾及爾的年輕人想法就是如此。不過，當我每次讀到卡繆對阿拉伯年輕人的描述，都會想到李白〈少年行〉中「五陵年少金市東，銀鞍白馬度春風」的浮浪輕佻。實際上，在阿爾及爾的街頭，百無聊賴，無所事事的年輕人才是現實。這裡的生活相當侷促，封閉窒塞的政治氛圍與保守嚴謹的宗教律法，限制了年輕人的恣意奔放。在城市的每個角落，都可以看見三五成群、漫無目的信步遊走的年輕人，即使臉上帶著笑容，也顯現出難以遮掩的茫然。

走在阿爾及爾的街頭，意外地讓我重溫卡繆《異鄉人》裡的荒謬與虛無，莫名地覺得自己的人生也好比書中的主角莫梭一樣，任由一個比自己更強大、更無情、也更冷漠的力量所操弄。卡繆和卡夫卡最大的不同，在於主角對自己存在的理解與感受，在卡夫卡的《審判》中，主角K自始至終都不知道自

己犯了什麼罪？為何而來？以後會怎樣？K無力抗辯，也搞不清楚發生什麼事，最後逃不過半夜被行刑者拖到城外處決的命運。相反地，《異鄉人》中的莫梭，從來沒有逃避，也不否認槍殺阿拉伯人的事實，他只想盡快在審判終結，一了百了。因此，莫梭在法庭中並沒有為自己辯護，不過諷刺的是，法院並不允許莫梭的消極沉默，整個鬧劇就由法官、檢方律師申論案子內容開始，對自己案情絲毫沒興趣的莫梭，則是將所有的控訴照單全收，弄得大家一頭霧水。但不死心的司法系統，為了證明司法機器的正當性，還是傳喚相關人士出庭，為莫梭的「不堪」與「反社會」作證，其中包括養老院內的護士與神職人員。何者有罪，罪行如何，當事者心

午後的阿爾及爾街頭，是卡繆筆下
坐困愁城的文學印象

知肚明，但在制度的運作之下，每道程序都是按表操課的演出，每個人也只是過度詮釋的爛演員，在冷漠與踰越之間，生命的荒謬、無意義就此展現。

一九六二年脫離殖民後，由阿爾及利亞中央銀行所發行的第一版第納爾，在藝術風格上依舊帶有濃厚的法蘭西色彩。畢沙羅式的光澤與德拉克洛瓦式的濃豔。

一百第納爾以首都阿爾及爾為主題，正面是熙攘繁華的阿爾及爾港口，偏淡的色調呈現出懷舊主義式的嚮往。我喜歡在畫面中央的貨輪與蒸汽拖船，從小船煙囪所冒出來的水氣，為構圖帶來氤氳迷濛的浪漫情調。

紙鈔的背面，則是從獨立紀念碑（Sanctuary of Martyr）附近鳥瞰阿爾及爾市區。地中海刺眼的亮白、阿拉伯式內斂的白、歲月的白、川久保玲式無言的白……不同層次的白是城市的主題。當年的卡繆，就是在這裡穿梭、往來，然後用他的文字刻畫出因為瘟疫而坐困愁城的海灣小鎮。

右—鳥瞰阿爾及爾市區實景；**左—**1964 年阿爾及利亞發行 100 第納爾，描繪出卡繆筆下的海灣小鎮

١٠٠
البنك المركزي الجزائري
592
09418592
مائة دينار
المحافظ
المدير العام
1-1-1964
T.377
القانون يعاقب المزورين

100
Banque Centrale d'Algérie
100
cent dinars
LA LOI PUNIT LE CONTREFACTEUR

المحافظ

卡繆在《薛西弗斯的神話》（*Le Mythe de Sisyphe*）中寫下：

一個人只要學會了回憶，從此不再孤獨……哪怕只剩一天的生命，你也可以在回憶的密室中獨居百年。

每當仔細端詳這張第納爾，總會讓我想起這段文字。

透過它，封存了卡繆的文學想像。

遇見沙漠中的曼哈頓

1993 年葉門發行 100 里亞爾紙鈔背面局部

葉門

葉門之旅，艱困的程度遠超過我曾到過的任何地方……我的軟骨自膝蓋移位，很顯然地，我已將它們磨損……。

——塞西格《在群山之中》

葉門，是個具有精神分裂傾向的大地，一方面對海洋有熱切的期盼，而它不為人知的另一面，則是充滿傳說與未知，混合廣場焦慮與幽閉恐懼的內陸沙漠。

有文字記載開始，葉門的過去就充斥著無法辨認的荒謬無稽：為了歡祝國王誕辰的慶典，數以千計的奴隸相互殘殺……可以破壞水庫的巨無霸老鼠……岩洞居民用蜂蜜浸泡木乃伊，然後賣給遠方國度的蘇丹王，當做保健食品……沙漠中超過二千個部落，各自為政，而每個部落都有自己的風俗與語言……吃魚的駱駝、流血的樹……嚼著就可神清氣爽的葉子……藏著惡鬼，終年噴著火焰與毒氣的古井，是《聖經》使徒驅魔後的遺跡……穿著裙子，別著彎刀的男人……。所有的一切，聽起來既危險又迷人，讓人躍躍欲試。

不過我知道這些故事的地方，是在從印度孟買前往阿曼首都馬斯喀特（Muscat）的海上。除了睡覺、洗澡、上廁所以外，來自沙漠古城的哈第，總是眉飛色舞地講著有趣而奇怪的故事，他是我見過最會說故事的人之一。

下船道別之前，哈第拿出一張紙鈔，慎重其事地告訴我：「我家就在這裡，房子已經有千百年的歷史，有機會去看看……。」

我翻到紙鈔背面，仔細端詳這張面額五十里亞爾（Rial）上簡潔俐落，具有明顯現代主義風格的建築，心裡想：「騙人的吧！」

許多年後，事實證明，孤陋寡聞的井底之蛙不是哈第，是我。

***

葉門首都薩那（Sana'a），是一座質樸典雅、具有人情味的古老城市。

當地人總喜歡轉述先知穆罕默德的說法：「人間有三個天堂——呼羅珊的梅爾夫（Merv of Khurasan）、敘利亞的大馬士革，以及葉門的薩那……。其中薩那更是天堂中的天堂。」

在《蒙古祕史》中被稱之為麻里兀的梅爾夫，原本是中世紀絲路上最大商業都會，人口超過一百萬。一二二〇年，鐵木真的么子拖雷，派遣大軍圍困梅爾夫，在堅守半年之後不幸落敗，戰後除了少數工匠倖免苟活之外，全市慘遭屠殺滅城。梅爾夫從此一蹶不振，在風沙中荒廢頹敝的清真寺、宮殿與城牆，充滿了無處話淒涼的悲戚。

我迷戀大馬士革的陳跡過往，而巷弄內茶館的說書人對於大馬士革的一切，更是如數家珍：使徒保羅歸信的教會、抗擊十字軍的英雄薩拉丁、暗中活躍潛伏的愛德華．勞倫斯、徘徊在大市集的幽靈……，每個角落都有專屬的故事，每個轉角都能與歷史久別重逢。不過，大馬士革實在是太大了，稍不留意，就很容易迷失在茫茫人海，尋不回自己。

所以，我同意先知的看法，薩那有梅爾夫的清虛、大馬士革的豐厚，卻沒有他們的寒愴或自大。薩那古城繁榮，卻少見喧譁爭鬧。來到薩那，你會發現時間不再奢侈，一壺涼茶、一袋水煙，就能消磨一下午的慵懶。

薩那，的確是天堂中的天堂。

打從一九六〇年代開始，薩那就是葉門紙鈔貫穿時空的主題，唯一改變的，

葉門首都薩那，其充滿洛可可式飾帶的建築為最大特色，

上──1990 年發行的 20 里亞爾；**下**──1993 年發行的 100 里亞爾，背面用不同角度描繪美麗的葉門首都；**左**──葉門首都薩那現今樣貌

是不同的觀看角度。如果將它們一字排開，我覺得與歌川廣重的浮世繪《江戶百景》有異曲同工之妙，從鷹眼俯視、漫步觀望到格放特寫，每個視角都顯示葉門人對薩那的愛始終不移。我特別喜歡一九七一年二十里亞爾與九三年一百里亞爾的空中鳥瞰，全智全能的造物者視角，將畫面情境提昇到《一千零一夜》的神話層次，畢竟根據天方夜譚的文字轉述，阿拉丁與辛巴達，都曾造訪過這座美麗的城市。

時間來到二〇一一年，第三次造訪葉門。不過這一次，是追隨著被偉大探險家塞西格（Wilfred Thesiger）譽為「最後一位浪漫主義時代旅行家」的芙瑞雅・史塔克（Freya Stark）的《阿拉伯南方之門》（*The Southern Gates of Arabia*）的故事，深入哈德拉毛（Hadhramaut）的神祕荒漠，也就是哈第告訴我發生許多超自然事件的阿拉伯沙地。拜科技文明所賜，從海岸線拉進沙漠只需要十四小時的車程，就當暮光將近之時，我看見地平線另一頭垂直與水平線所構成的建築線條，我知道，希巴姆（Shibam）近了。

對於現代人來說，希巴姆這個名字很陌生，聽起來像是某種不好吃的巧克力品牌。實際上這座千年古城，一九八二年就被聯合國教科文組織劃入世界文化遺產的保護名單，甚至出現在信用卡的電視廣告上。希巴姆的建築之所

以讓人印象深刻，是因為每棟高樓都以參天之勢拔地而起，而且不止一棟，而是整座城市。

早在中世紀之時，哈德拉毛沙漠的住民就用混漿混入磨碎的雜草，充分攪拌過後製作成磚頭的形狀，然後放在太陽下曬乾。最後的作品就是堅硬無比的長方泥磚。接下來的方式就和我們砌磚牆蓋房子相似，需要的只是一層層向上疊加。通常一棟大樓平均有七至十層樓的高度，建築物的外牆還會用石灰塗飾，除了美觀之外，防蟲也是主要功能。住戶大都是姓氏相同的親族，哈第的家族就在其中一棟。

左—1993 年發行的 50 里亞爾，背面主題為千年古城希巴姆的參天高樓，與薩那相較之下，風格顯得樸素簡單

iStockphoto

CENTRAL BANK OF YEMEN
50
50
البنك المركزى اليمنى
خمسون ريالا
٩٨٤٩٠٢
صدرت بموجب
قانون البنك المركزي اليمني
عن البنك المركزي اليمني
المحافظ

如果看過薩那建築洛可可式的花邊飾帶，就會覺得希巴姆的風格太樸素簡單。隔天，我花了一下午的時間，找到了哈第所屬的哈斯曼家族，長老親切地招待我到客廳坐坐，哈德拉毛人似乎也不太在意房屋的內部裝飾，除了窗櫺和門框是雕花木架之外，室內空間極簡素淨。如果瑞士建築大師柯比意在現場，一定對希巴姆讚不絕口。後來我才了解，無論是建築形式或居家風格，都和伊斯蘭宗派與民族性格有關，不同的性別、不同的社會階層，分配到的是不同的室內空間，而觸目所及的一切都要力求樸質。

「我想，先知也要我們這麼做。」至少哈第的叔父是這樣告訴我的。

許多在海外工作的阿拉伯裔勞工，百分之九十都來自葉門，尤其哈德拉毛沙漠地區，這裡的荒涼雖然帶有不尋常的美感，但想在這片不毛之地維持生計是一件艱辛的事。哈第所屬的哈斯曼家族，有七成的男子都遠赴海外打工：在新加坡的餐廳、在印度洋的散裝貨輪、在大興土木的阿布達比、在沙烏地的鑽井油田……每個角落都可以看見葉門人辛勤揮汗的身影，他們是阿拉伯世界中最弱勢的一群。

向晚時分，我登上希巴姆古城對面的山頭，這是紙鈔上的取景角度，拍攝位置最好的所在地，早就被歐洲觀光客的腳架霸佔，所有人都來爭睹魔幻時

向晚時分，「沙漠中的曼哈頓」
與大地轉為同一片金黃

光。當太陽接近西方的地平線時，沸騰的熱度迅速下降，西風在燠熱中夾帶些許涼意，相機快門在四周的感嘆聲中此起彼落。這座被譽為「沙漠中的曼哈頓」的古城，亮褐色外牆在塞尚色調的陽光下轉成金黃，水平與垂直線條構成的立面、銳角，在陰影下更加強烈，遠方傳來少年們踢足球的吆喝呼聲，街口破爛的卡車、廢棄大樓的斑駁殘跡、無人看管的羊群，讓希巴姆遙不可及的絕美，適度地回到人間，這是可以接受的衰敗，人人心知肚明，是看破卻不說破的祕密。

當最後一道餘暉從山頭褪去，天空從粉紅、酒紅到深紫，古城稀疏的燈火意興闌珊地逐一點亮，所有可辨認的形狀逐漸消融在暮色之中。

「我真想看見這樣一群人，在自由的土地上與自由的人民站在一起，那時，我才可以對正在逝去的瞬間說：『請你為我停留片刻吧！你是如此的美！』我的浮生的痕跡才不致在永劫中消褪——我現在就彷彿已預感，屆時我徹底享受著那瞬間。」歌德在《浮世德》中寫下了如此的感慨，在這一瞬間，我明白了浮世德的心情。

北大西洋上列島的性靈呼喚

2002 年法羅群島發行 1000 克朗背面局部

法羅群島

在不列顛北部還有許多沒有名字的小島……從不列顛北方的港口出發，只要風向適合，大約兩天兩夜即可抵達，以前還有人划著雙槳小艇，在夏季順風的好日子，只花二天一夜就登上岸……。

——菲德里斯（Fidelis）

西元九世紀，一位任職於法蘭克王國宮廷的編年史學家，開始著手編纂一本前所未見的地理百科全書。他的名字是迪丘爾（Dicuil），自詡讀遍全世界的書籍，當時被認為是「世界上最博學的人」。在詳細閱讀研究古代文獻，整合亞洲、非洲、歐洲等相關紀錄後，迪丘爾試著將古人曾經造訪、命名的一切條列出來，除了親身考察他過去拜訪過的地方，也訪問許多四方雲遊宣教的修士，嘗試以忠實而宏觀的視野，記錄中世紀已知的世界概括。這本名為《測量世界》（*De mensura orbis terrae*）的跨時代鉅作於西元八二五年完成，在成書千年之後，仍相當具有參考價值（或娛樂價值）。

位於北大西洋的法羅群島，只有極少數的旅人曾踏上這片土地

在眾多受訪者中，其中一位名為菲德里斯（Fidelis）的愛爾蘭修士，告訴迪丘爾，在不列顛北方有座群島，人煙罕至，「島與島之間以複雜且狹窄的水道相隔……島上曾經住著與世隔絕的隱修士，不過後來海盜將所有的隱修士都趕跑、殺光了……所以現在島上只留下不計其數的肥羊，及各種各類叫不出名字的海鳥……。」

迪丘爾聽完故事後，在口述紀錄寫下他自己的註腳：「我從來沒有在任何官方文件、檔案讀過關於這些島嶼的故事，這八成是騙人的！」

顯然，迪丘爾不是世界上最聰明的人，也沒讀遍全天下的書，至少沒讀過《修道院院長聖布倫丹的航行》（*Navigatio Sancti Brendani Abbatis*）。我第一次在大英博物館圖書館看見這本書時，內心充滿了敬畏與感動。傳說西元六世紀的某一天，一位雲遊的修道士來到西愛爾蘭拜訪聖布倫丹（Saint Brendan of Clonfert, 484–577），告訴他在大洋的另一邊，有一片豐饒廣袤的應許之地，並且建議聖布倫丹前往拜訪。

為了這趟遠洋航行，聖布倫丹帶領十七位修道士，划著一艘以橡木、牛皮與蜂蠟為材料所製作的圓型皮筏，從愛爾蘭西部的班特

里（Bantry）出發，一路朝北航行，造訪一座又一座的島嶼，旅途中有許多不可思議的遭遇：他們航行在凝固的大海，其中漂浮著許多巨大透明的水晶柱；拜訪只有鳥居住的孤島，而這些鳥每天吟唱詩歌，讚美至高無上的造物主；登上一座奇異的孤島，起鍋炊飯後才赫然發現其實是一條巨大鯨魚的背；突然出現的海上巨人，朝聖布倫丹的船丟擲火球及岩塊；像煤炭一樣黑的岩島，踩上去後出乎意料外的柔軟，緊接卻張開噴著烈火的大嘴，一口把聖布倫丹的伙伴吞下肚……類似故事不計其數，每篇都高潮迭起，引人入勝。

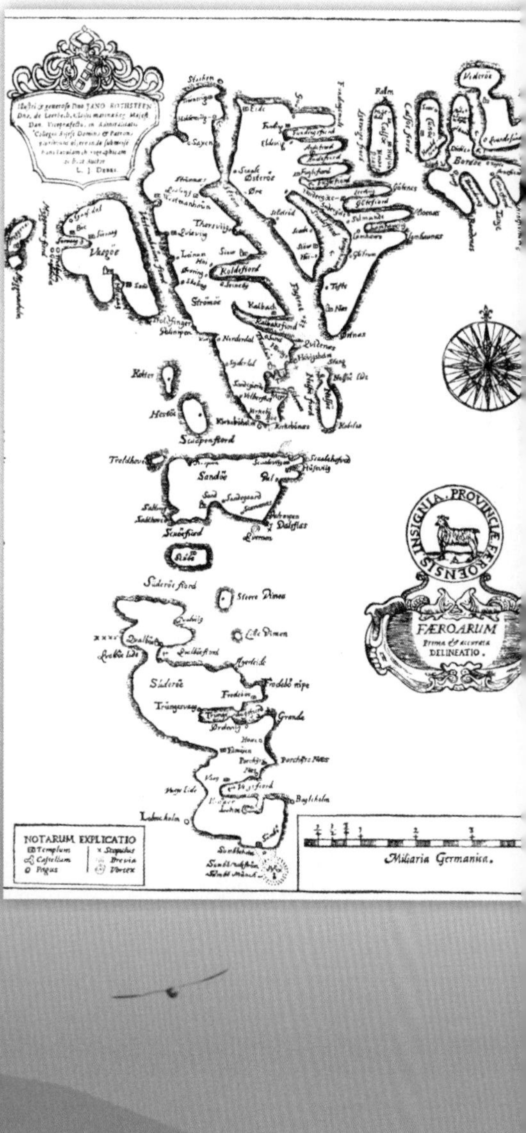

上──17 世紀航海家所測繪出的法羅群島地圖；**下**──從海上遠眺，巨岩氣勢驚人，宛如從地心穿海的黑色巨人

iStockphoto

其中一段航程就發生在踰越節前後。聖布倫丹一行人來到一座到處都是肥美健壯羊隻的島嶼，他們抓了幾隻當做食物，並準備耶穌受難日的儀式，此時才發現島上有人居住，當地居民帶著無酵餅與麵包前來祝禱，並告訴聖布倫丹接下來航行的資訊。

根據後世歷史學家的考證，這座住滿綿羊的島嶼，就是位於蘇格蘭與冰島之間的法羅群島（Færøerne）。約莫在一千多年前，丹麥人發現了由十八座破碎且遺世孤立的岩嶼所形成的島鏈。在丹麥語中，「Færøerne」的「Fær」指的是「羊」，而「øerne」意思是「島嶼」。連中世紀的維京人，也認定法羅群島是綿羊的天堂。

無論在空中或是海上，法羅群島並不難發現，北大西洋上空溫暖潮濕的西南風在經過法羅群島時，會在上空堆積壓縮，形成量體驚人的積雨雲，遠在八十公里外，人們就可以清晰辨認出島嶼的所在。

我在一個霧靄迷濛的午後抵達法羅群島，渡輪停靠在斯特萊默島（Streymoy）上的托爾斯港（Tórshavn）。十五分鐘上下船的喧騰鼎沸，緊接著是真空般的靜謐，海上吹來的風，迅速地以輕寒蒼白填補人去茶涼的空虛。從街道到房舍，托爾斯港的一切都挾著強烈的疏離淡漠。

第一眼，我就愛上了法羅群島的倔強與孤立。

儘管地處遠僻、人口稀少，法羅群島仍擁有傲視歐陸的藝術家社群。當地的創作者將法羅群島的開闊與孤寂，與二十世紀影響深遠的藝術風格緊密結合，例如孟克《吶喊》式的表現主義（Expressionism）、在美國也非常受歡迎的極簡主義（Minimalism），以及使用日常生活物件為主題的裝置藝術（Installation Art）與觀念藝術（Conceptual Art），都是法羅藝術家偏愛的表現形式。

擅長描繪法羅群島風景的海內森（Zacharias Heinesen），是我在法羅群島藝術家中最喜愛的一位。海內森的風景畫具有強烈而生動的朦朧美，大膽突破西方繪畫的制約框架，以瀟灑恣意的筆觸，深刻地帶出法羅群島的光影雨霧。海內森的作品有油畫的濃郁，也有水彩的浪漫，更具有東方潑墨的戲劇張力，方寸之間，渲染出北方孤島的空曠寂寥。

二〇〇二年，法羅群島克朗，摒棄北歐傳統繁複的紋飾，在印刷上採用海內森的畫作，呈現法羅迷濛的氤氳氛圍。

五十克朗的背面以法羅群島南島（Suðuroy）的 Sumba 地區為主題，描繪陸地與大洋交會時的崎嶇感受。

法羅群島沃格島附近的 Tindhólmur

1000
FØROYAR
ÚTGIVIN SAMBÆRT GALDANDI LÓG
UM PENGASEÐLAR

2002 年發行的克朗紙鈔，捨棄繁複的傳統紋飾，背面採用畫家海內森的作品做為主題，深刻地帶出法羅群島的光影雲霧

一百克朗是霧氣蒸騰的克拉克維斯港（Klaksvík）。

二百克朗描摹沃格島（Vágar）附近的 Tindhólmur。聖布倫丹當年在飄忽海霧間瞥見 Tindhólmur 高大無匹的黑影，還一度以為是巨人而驚恐不已。

五百克朗以 Hvannasund 港口為背景，疏密有致的村落，秀潤淡雅的墨色，鋪陳出世外桃源的牧歌情調。

面值最大的一千克朗，則描繪桑島（Sandoy）的詳和景致。

海內森的畫沒有人物，只有蒼茫的大海、天空與陸地，在方寸間自成宇宙。因此，無論我們崇儒、尚道、向佛，或是投身真主、耶和華的全知全能，**當進入深邃幽遠的山水，在電光石火之間，總能喚醒我們內在沉睡已久的天真性靈，以及對「永恆」無限的仰望與欽慕。**

我想，千年前的聖布倫丹也在大海漂流中，體會到自然的壯闊，以及天地有大美。

用探問的色彩，探索人性的尊嚴

1946 年西班牙發行 100 比塞塔紙鈔正面局部

西班牙

當我們走到生命盡頭時，不是在地球上，而是在人心裡找到安息之地。

——波斯神祕主義詩人．魯米（Rumi，1207-273）

每張紙鈔，都有自己的故事、溫度、色調及思量。故事是悠遠綿長的低語，昇華出彩澤流潤的溫度；色調是塗抹著風霜雨雪的歲月流金，纏繞著昨夜西風凋碧樹的思量，沉醉在寧靜致遠的喜悅之中。

朦朧模糊的背景，泛著曖昧神祕的異樣色彩，交織著愉悅、明亮、空乏與荒蕪，像一場來不及醒來的夢，化成薄霧，輕盈細膩地圍繞著。畫面的中央，是一位農場女工，青春、端莊、優雅，沒有愁苦潦倒的感傷，沒有煽情做作的虛矯，只有不可言喻的孤寂與美，彷彿歷經了滄海桑田後，畫家看清了世間繁華閃爍，在穿透種種不堪與苦難之後，依然以深情溫暖的凝視，靜靜地守候在燈火闌珊處。

在馬德里普拉多美術館（Museo del Prado）的一個僻靜角落，收藏著一幅名為《波爾多的農場女工》（La lechera de Burdeos, 1827）的畫作，沒有太多人知道，也比不上其他館藏來得出名，卻是我每次造訪普拉多，佇足流連的所在。

對於大多數人來說，哥雅（Francisco Goya, 1746-1828）是個陌生的名字，畢竟哥雅不是普羅大眾第一眼就會愛上其作品的藝術家。出身於西班牙北部沒落仕紳家庭的哥雅，從年少時就以大膽熱情的筆觸，繪下十八世紀伊比利半島上富貴風流的太平氣象。

約莫在三十歲左右，因為裙帶關係，哥雅被引薦進入位於馬德里的聖塔芭芭拉皇家繡帷廠（Real Fábrica de Tapices de Santa Bárbara）工作，主要是設計及繪製全尺寸，被稱為「cartoons」的油畫原圖。

上——哥雅 1827 年畫作《波爾多的農場女工》，
左——畫家伯塔納（Vicente López y Portaña）於 1826 年繪成的哥雅肖像；**左上**——1886 年，西班牙波旁王朝發行的 25、100、500 比塞塔，皆以哥雅做為肖像人物

448147
EL BANCO DE ESPAÑA
pagará al portador
CIEN PESETAS
1232270
EL BANCO DE ESPAÑA
pagará al portador
VEINTICINCO PESETAS
EL BANCO DE ESPAÑA
pagará al portador
QUINIENTAS PESETAS
BANCO DE ESPAÑA

在畫家完成圖樣之後將「cartoons」交給織工，隨後他們再以毛料精確複製原圖。多數的織錦畫色彩豐富，以生動輕快的情調描繪出貴族、庶民的日常情景。從一七七五年到九一年，估計哥雅總共為西班牙皇室各地的行宮別館，設計至少六十三幅原圖。今天這些作品，是我們了解十八世紀西班牙風俗民情最重要的藝術創作。

哥雅於一七七七年所繪製的《陽傘》（*El Quitasol*），一名身著錦織華服，手持蕾絲繡扇的貴婦，洋溢著迷人、矜持又自負的笑容。貴婦背後殷勤懇切的小廝，高舉著素色陽傘，卻刻意地讓自己的身體與女主人拉開距離，形成一種既親密也疏遠的主僕關係。再加上背景以濃烈、富有戲劇感的明暗對比，捕捉了封建貴族的夕陽餘暉。就在哥雅畫下《陽傘》的同時，一部高呼著民主、平權與自由的政治宣言在大西洋的另一側誕生，大英帝國與殖民地之間的戰爭正如野火燎原般地展開，新時代的腳步近了，不過大部分的人依舊沉睡在享樂歡愉的舊夢之中。

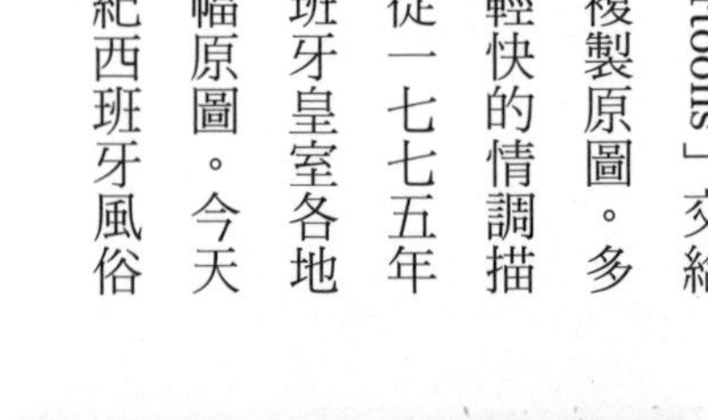

上—哥雅 1777 年畫作《陽傘》；**左、右**—1946 年，西班牙發行的 100 比塞塔，正面為哥雅肖像，反面則為哥雅作品《陽傘》

B09319206
B09319206
Banco de España
CIEN PESETAS
B09319206
B09319206

早期的哥雅，一方面眷戀著洛可可式細緻慵懶的美，卻也意識到這些美如朝露夕照，在轉瞬間就化為塵土，再過幾年，這種華美絕倫的貴族風尚，就會被新時代鄙夷、批判、踐踏。哥雅專注地勾勒風雅富饒，企圖留住永恆，在眼神中流露出無比的依戀與憐憫，彷彿下一秒鐘，它們就不復存在。

另外兩幅作品《飲酒》（*El Bebedor*, 1777）與《陶販》（*El Cacharrero*, 1779），也是哥雅任職於皇家繡帷廠時期的創作。無論是《飲酒》盤踞在岩石上開懷暢飲的男子，或是《陶販》裡坐在乾草堆上叫賣的婦女們，雖然只是不起眼的市井小民，哥雅卻對他們投以關注及同情。他們是被國家冷落忽視的邊緣族群，孱弱、渺小、微不足道，不過畫家卻看見他們，甚至不想去美化修飾他們的傖俗。儘管平民的舉手投足是如此粗魯不文（看看畫面中張口喝酒與啃蘿蔔的男子就知道），卻處處洋溢著原始旺盛的生命力。而在《飲酒》遠景出現的三名貴族男子，與《陶販》坐在馬車裡的貴婦，都籠罩在超現實的光幕之中，提示我們上流社會對陰暗現實的無知脫節。

左上——1949 年發行 100 比塞塔，反面主題為哥雅畫作《陶販》；**左下**——1949 年發行 1000 比塞塔，反面主題為哥雅畫作《飲酒》

G6705542
G6705542
100
BANCO
100
DE ESPAÑA
100
G6705542
G6705542

07335105
BANCO DE ESPAÑA
07335105

我一向喜愛哥雅的風俗畫創作，以冷靜又熱情的筆觸，沾染著某種神祕費解、探問追尋的色彩，帶我們進入充滿人性尊嚴的藝術世界。

正因為哥雅調和階級衝突的藝術風格，長久以來深受西班牙國民的喜愛，在西班牙的紙鈔發行歷史，哥雅是出現最多次的主題人物之一。從西班牙波旁王朝時代、到二十世紀初的第二共和，甚至於佛朗哥將軍獨裁統治的年代，都有哥雅的身影。

每當我端詳指尖的哥雅，都讓我瞥見一個時代的繁華與頹圮。這些精緻優雅的版畫印刷，都在在提醒著：

「我擁有的不是財富，而是夢想。」

從廢柴小丑到「世界征服者的征服者」

1971 年英國發行 5 英鎊紙鈔正面局部

英國

我曾經統領百萬雄師，如今卻空無一人。我曾經橫掃三大洲，如今卻無立錐之地。耶穌遠勝於我，祂沒有一兵一卒，也沒有占領過任何土地，祂的國卻建立在萬民心中。世界有兩種武器：精神和利劍，從長遠的角度來看，精神的力量必然超過利劍！

——拿破崙，寫於聖海倫娜島

夏日、春花，時光之美，在於它必然的流逝；秋月、冬雪，歲月的真，在於它霜洗水色盡後的磊落。

時間回到一八三〇年代的不列顛。

連年征戰與勝利，為大英帝國形塑往後百年的格局與命運，殖民地的豐碩繁榮，也為英格蘭帶來空前的富裕豪奢。儘管如此，不列顛列嶼仍激情上映著痛苦與衝突，飢荒、失業、瘟疫，衝擊著岌岌可危的社會結構。為了加強管理，議會通過法案，讓國家機器以鎮壓取代溝通，用暴力遏制權利。言論自由、工會自救與聚會遊行被迫銷聲匿跡，憤怒的民眾透過不同管道發言，

位於倫敦市中心的國家肖像館

高呼宗教解放、議會改革與廢除奴隸制。

位於倫敦市中心的國家肖像館（National Portrait Gallery）的第二十號展覽室，以速寫、繪畫與雕塑，記錄了帝國這段惴惴不安的時光。**我偏愛在清冽的冬日上午，走進空盪無人的畫室，靜靜地沉浸在時光中。環顧四周，每幅肖像都有自己的故事，而每個故事幕後都塵封著流離與動盪。**

畫室內，可以看見畫家班傑明・海頓（Benjamin Robert Haydon, 1786-1846）以理性冷靜的筆觸歌頌世界廢奴大會（Anti-Slavery Society Convention），這是人權史上的一個大勝利。即使，再過一個世紀後才真正落實廢奴。

這裡還可以看到喬治・海特（Sir George Hayter, 1792-1871）一八三三年完成的作品《下議院》（*The House of Commons*），描繪一八三二年通過的《改革法案》（*Reform Act 1832*），將投票權首次擴大到私有財產擁有者、土地持有人及部分佃農等新興中產階級，嘗試以更公正、更成比例的議會席位分配來建立「可問責政府」，為現代民主機制立下典範。

在畫中，議員們的眼神、表情，欲言又止的騷動、各式複雜思緒、算計在空氣中交鋒、凝結。站在畫前，我們彷彿還可以聽見國會議員們的唏嗦低語。

喬治 · 海特作品《下議院》，描繪英國近代史上相當重要的《改革法案》通過經過，畫面右下角可看見一位面孔朝右、身著黑色禮服的白髮男子，特別顯眼

仔細端倪《下議院》，會發現在畫面右下角，有一名面孔朝右，身著黑色禮服的白髮男子，十分醒目。這名男子的個人肖像，也在同一個展間，奇特的是，這是一幅未完成的作品。雖然只完成中心臉部的圖繪，對全世界來說也已經足夠了。炯然有神的雙眼透露出久歷沙場的疲憊與淡漠，刻意向外的視線，兩頰、鼻樑陡峭的線條，告訴我們他是一位擇善固執，不會輕易妥協的貴族仕紳。

他在不同的場合有不同的外號。西班牙人稱他為「老鷹」，也有人叫他「大鼻子」（Old Nosey），似乎都和他著名的鷹勾鼻有關；比較多人稱他「花美型男」（The Beau），因為他擁有敏銳的時尚品味，穿搭十分考究；敵人則貶稱他「印度將軍」（Sepoy General），因為他曾經在印度服役，可能既散漫又懶惰；政敵則叫他「鐵公爵」（The Iron Duke），明的說他治軍嚴謹，暗地諷刺他作風保守、怕事，也可能嘲笑他怕家中玻璃窗被街頭滋事分子打破，特別裝上鐵欄的奇怪舉動。實際上，他參與過六十場大小戰役，戰功彪炳。他被俄國沙皇亞歷山大一世（Alexander I of Russia, 1777-1825）譽為「Le vainqueur du vainqueur du monde」，意思是「世界征服者的征服者」，當然，「世界征服者」指的就是拿破崙。

他的名字是阿瑟・韋爾斯利（Arthur Wellesley），更廣為人知的，是他的貴族尊號「威靈頓公爵」（1st Duke of Wellington）。

托馬斯　勞倫斯 1829 年未完成作品
《威靈頓公爵肖像》

出生於愛爾蘭的沒落貴族，韋爾斯利年少時喜愛算數、小提琴及養狗，並未顯露出令人驚豔的才華。在師長同學眼中，是個「體質孱弱、一無是處、沒有前途，只喜歡漂亮衣服」的廢柴小丑。當韋爾斯利加入軍旅時，就連母親也認為他「連槍也不會拿，只適合當砲灰」。

日後所發生的一切，證明現實往往比小說更精采，更出人意料之外。

以野心及壯志令西方世界覆地翻天的拿破崙，以披靡之勢席捲歐陸，一八〇七年法軍越過庇里牛斯山，入侵西班牙與葡萄牙，韋爾斯利臨危受命，率軍馳援伊比利半島。

一八〇九年五月，韋爾斯利在葡萄牙強渡斗羅河（Douro），奇襲蘇爾特（Jean-de-Dieu Soult, 1769-1851）元帥，讓法軍退守西班牙。欣喜若狂的葡萄牙王室，授予韋爾斯利元帥軍銜。

一八一〇年九月，韋爾斯利以托列斯維德拉防線（Lines of Torres Vedras）成功阻滯增援的法國軍隊，並稍後分別在薩布加爾（Sabugal）與福安特德奧尼奧羅（Fuentes de Oñoro）兩地重挫馬塞納（André Masséna, 1758-1817）元帥。復位有望的西班牙波旁王室，授予他陸軍元帥軍銜。

一八一二年七月，韋爾斯利在薩拉曼卡之役（Battle of Salamanca）擊敗馬爾蒙（Auguste de Marmont, 1774-1852）元帥，迫使法軍棄守馬德里與西班牙南部。

一八一三年六月，韋爾斯利率領英葡聯軍，在西班牙維多利亞之役（Battle of Vitoria）擊敗儒爾當（Jean-Baptiste Jourdan, 1762-1833）元帥，拿破崙勢力在伊比利半島全線崩潰。六月二十一日，英王授予陸軍元帥軍銜。

一八一四年率軍攻入法蘭西本土，多次擊敗蘇爾特元帥。五月被英王封爵為「威靈頓公爵」。同年復辟的法蘭西波旁王室，授予法國元帥權杖。

一八一五年，在滑鐵盧（Waterloo）擊敗格魯希（Emmanuel de Grouchy）元帥，奠下歐洲和平的基礎，也讓威靈頓公爵成為拿破崙的征服者。俄國、普魯士與尼德蘭王國，紛紛授予威靈頓公爵陸軍元帥的稱號或權杖。

二千三百年前的戰國時代，提倡六國「合縱」，聯合對付秦國的蘇秦，最風光的時候身佩六國相印，睥睨群雄，但比起威靈頓公爵，顯然境界、層次又不同了。戰功輝煌的威靈頓公爵，後來轉進政壇，二度出任首相。英格蘭、加拿大、澳大利亞、紐西蘭、智利、印度、美國以及南非，就有四十九個城鎮以他命名。

十九世紀初最出色的人物畫家托馬斯．勞倫斯（Sir Thomas Lawrence, 1769-1830）曾經為威靈頓公爵留下不少作品，陳列在倫敦國家肖像館二十號展間的肖像畫卻是最後一幅，當年畫家甫完成臉部繪製就撒手人寰。威靈頓公爵夫人凱蒂（Catherine Wellesley）拒絕讓勞倫斯的學生完成其他部分，所以畫作就以未完成的姿態傳世至今。

托馬斯所完成的威靈頓公爵肖像中，以一八一四年一月的版本最為人所知，這副繪於滑鐵盧戰役前半年的作品，成功地捕捉了威靈頓沉默堅毅的氣韻，溫和內斂的眼神，帶有某種神祕危險的特質。據說公爵本人也很喜歡這副作品。

OFENGLANDFIVEPOUNDS

右──托馬斯．勞倫斯 1814 年作品《威靈頓公爵肖像》；**上──**英國 1971 年發行 5 英鎊，正面為依麗莎白女王肖像；背面則為在西班牙維多利亞之役大退敵軍的威靈頓公爵。

「托馬斯把我隱藏得很好！」傳說威靈頓公爵曾經這麼說。

一九七一年英格蘭銀行所發行的系列 D（Series D）五英鎊紙鈔，就以這幅肖像做為設計稿，背景則以西班牙維多利亞之役為底圖，構成令人印象深刻的作品。

多年過去了，當年政壇的流言蜚語早已煙消雲散。今天，威靈頓公爵自若磊落的神采，依然長留在我們的心中。

微笑之國

背後的統治神話

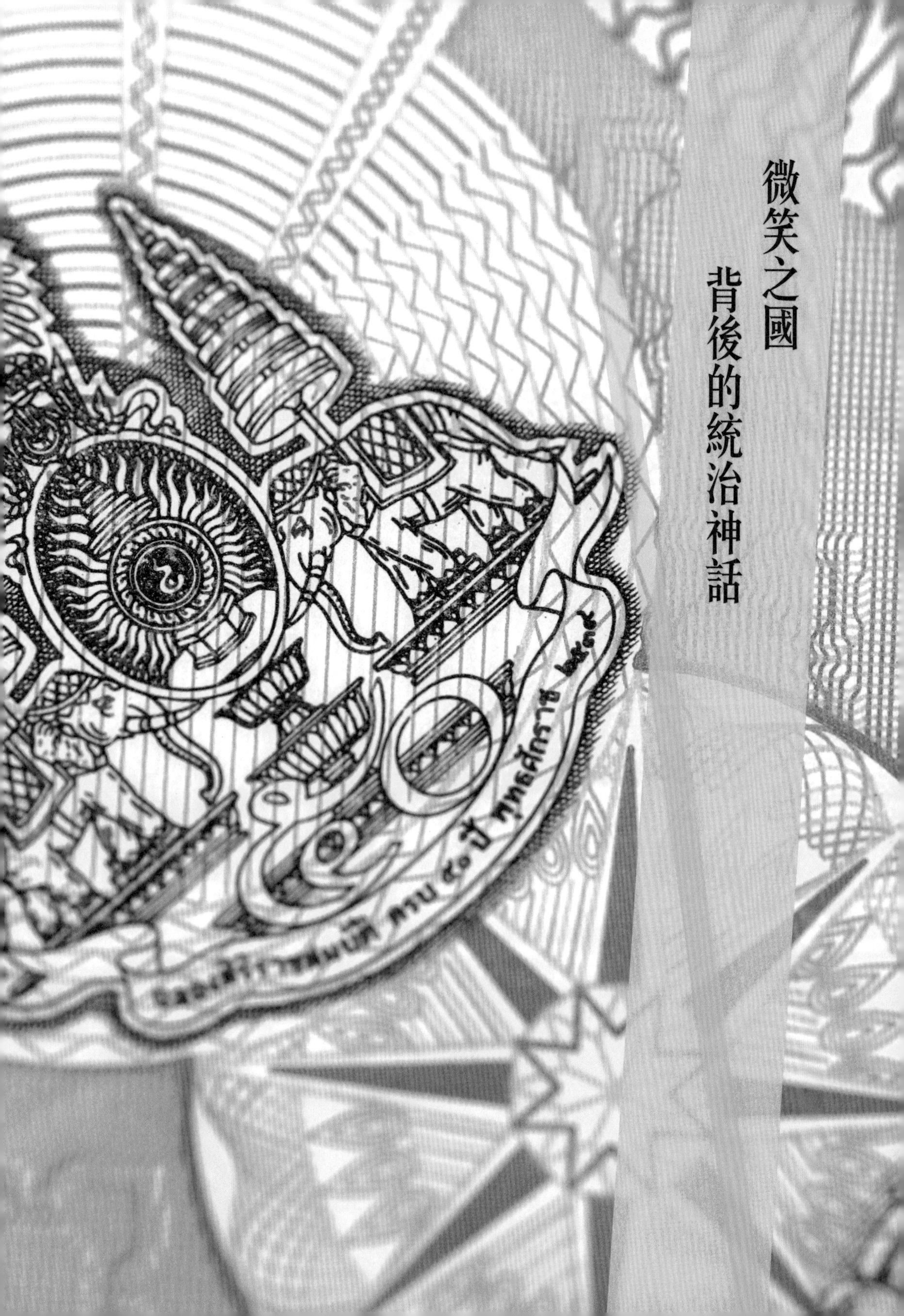

1987 年「拉瑪九世國王誕辰六十週年紀念鈔」背面局部

泰國

第一百一十二條規定：任何詆毀、侮蔑或威脅國王、王后、王儲或攝政王的人，得處以三到十五年有期徒刑做為懲罰。

——《泰國・刑法》〈王室褻瀆法〉

截至目前為止，世界上的主權國家，除了聯合國會員國之外，連同曾經提出主權聲明，但始終未被國際普遍承認的國家，一共有兩百零七個政治實體，其中現行「君主專制」（Absolute monarchy）國家有八個，而「君主立憲制」（Constitutional monarchy）國家，如英國、日本、泰國等有四十個，約占全世界國家總數五分之一左右。

這些國家，面對民主思潮衝擊，如何因應時勢？我們也可以從紙鈔的設計窺探一二。

一九九二年五月二十日，泰國向全世界放送一則令人難忘的景象。卻克里

王朝（Chakri Dynasty）第九任國王蒲美蓬．阿杜德（Bhumibol Adulyadej）身著駝色西裝，正襟端坐在沙發上，座前有二位匍匐長跪的政治人物，分別是一年前藉由軍事政變上台，自任首相的蘇欽達將軍（Suchinda Kraprayoon），以及率領群眾反對軍政府的領袖，前曼谷市長查隆（Chamlong Srimuang）。

三天以前，不滿軍方統治的泰國人民走上街頭示威，抨擊蘇欽達的專擅蠻橫，過程中軍方出動武力鎮壓，不幸演變成腥風血雨的暴力衝突，最後造成五十二人死亡，超過三千五百人遭到拘捕，並且約有二萬名民眾學生輕重傷。國際媒體都密切關注，到底泰國會如何收拾殘局。

結果，全世界都看到這令人動容的

1955 年泰國發行 1 泰銖紙鈔。自 1946 年登基以來，拉瑪九世就是不變的紙鈔主題

一幕，泰王蒲美蓬將蘇欽達與查隆召見入宮後，低聲嚴正地訓斥兩人，命令他們坐下來和談，穩住國家情勢。不久後，蘇欽達自動下台，反對派也鬆開拳頭，社會重回和平。

再一次，蒲美蓬英明睿智、超凡入聖的「神王」形象，更進一步地深入人心。長久以來，泰國境內無論出了什麼問題——旱澇饑饉、瘟疫蟲害，乃至於軍事衝突或政治危機，水深火熱的民眾，總是引頸企盼泰王出面，彷彿只要泰王現身，所有問題就能迎刃而解。在如此的文化氛圍環繞，泰國民眾從小就生長在濃厚的「尊王」思維中。

追溯「尊王」思維的根源，可以從歷史中尋得蛛絲馬跡。根據泰國官方歷史樣版說法，西元十三世紀，中南半島政治情勢風雲詭譎，中世紀盛極一時的高棉帝國因為過度消費，再加上氣候變遷而衰落，而伊洛瓦底江畔的緬甸蒲甘王國遭到蒙古入侵而式微，夾在兩個強大文明中的傣族趁勢崛起，分別為北方蘭納王國（Kingdom of Lanna）及南方素可泰王國（Kingdom of Sukhothai），十四世紀後大城王國（Kingdom of Ayutthaya）後來居上，直到一七八二年被卻克里王朝取代。無論王朝如何遞嬗，泰國人民普遍相信，「自由」是最核心的文化價值，而「泰」字義本身就是「自由」。

右—1987 年發行，面額 60 泰銖的「拉瑪九世國王誕辰六十週年紀念鈔」，為邊長 15.9 公分的大型正方紙鈔設計；**左**—1996 年的「拉瑪九世國王登基五十週年紀念鈔」

根據官方歷史記載，十九世紀拉瑪四世蒙固親王，及他的兒子朱拉隆功（後來的拉瑪五世），一生力抗西方帝國主義，致力泰國現代化改革，保護暹羅（泰國古稱）不受列強殖民。在泰國人民心目中，尤其是五世朱拉隆功，具有「提闍羅」（Devaraja）的神性法統，這種結合了印度教與上座部佛教信仰的神權思想，將國王視為半人半神（Demigod）的化身。今天，無論我們身在何處，總會看見被供上神桌、放在祭壇，與製成隨身符形式的泰王形象。

承繼「提闍羅」法統的泰王拉瑪九世陛下，自一九四六年六月登基以來，目前是全球在位時間最長的國家元首，自從一九四八年第一次登上紙鈔版面開始，拉瑪九世一直是泰銖設計恆常不變的主題。透過紙鈔，向全國人民強烈放送，蒲美蓬國王睿智、聰慧、英明領導的偉大印象。

左上——2011 年發行，面額 100 泰銖之《拉瑪九世國王誕辰八十四週年紀念鈔》；**左下**——2007 年發行之《拉瑪九世國王誕辰八十週年紀念鈔》，為不可分割的連體鈔設計，三張不同面額紙鈔（1、5、10 泰銖）的編號也完全相同

100
9 K 6858875
๙ ธ ๖๘๕๘๘๗๕
รัฐบาลไทย
หนึ่งร้อยบาท
๑๐๐

100

ทรงพระเจริญ

๙ ธ ๕๒๖๖๒๖๓๔
รัฐบาลไทย
หนึ่งบาท
1

๙ ธ ๕๒๖๖๒๖๓๔
รัฐบาลไทย
ห้าบาท
5

๙ ธ ๕๒๖๖๒๖๓๔
รัฐบาลไทย
สิบบาท
10

一九八七年發行的《拉瑪九世國王誕辰六十週年紀念鈔》，背面是蒲美蓬國王受萬民擁戴的溫馨場面。

一九九六年的《拉瑪九世國王登基五十週年紀念鈔》，蒲美蓬國王深入鄉野，關切農田水利的形象，是泰國人民所熟悉的泰王。

二〇〇七年所發行的《拉瑪九世國王誕辰八十週年紀念鈔》，我們可以一窺官方精心打造慈父形象的蒲美蓬國王，從出生至八十歲的生命歷程。

二〇一一年發行的《拉瑪九世國王誕辰八十四週年紀念鈔》，展現了蒲美蓬國王傾聽與愛物的面貌。

有別於世界上其他君主立憲國家，泰國人民對王室的神權崇拜，似乎有過之而無不及。政府當局鋪天蓋地式的教條灌輸，頒訂全世界嚴苛的〈王室褻瀆法〉，無遠弗屆地打造泰王完美形象，鼓勵民眾崇拜王室……。**「微笑之國」的背後，其實仍是延續自封建王朝的統治神話。**

女王頭上的猴戲

2000 年直布羅陀發行 5 鎊紙鈔背面局部

直布羅陀

我們的存在是一片巨大的殖民地，有很多不同類型的人，所有各自相異的想法及心思都在這裡交會融合……。

——費爾南多．佩索亞（Fernando Pessoa）
《惶然錄》（*O Livro do Desassossego*）

帝國與殖民，曾經是舊世界的運轉動力。時至今日，我們仍常不自覺地生活在帝國的陰影之中，環繞糾纏在周遭的建制、記憶、語言及文化，構築出今日世界的框架、內涵、理想與沉淪。

首先，將目光移往舊世界，歐洲大陸遙遠的南方邊陲。

一位名為吉爾．布拉特（Gil Braltar）的西班牙人，心血來潮，將自己裝扮成猴子，然後潛入住在巨巖上的獼猴團體中。過了一段時間，布拉特取得當地猴群的信任，在他的煽動下，猴群決定襲擊當地的殖民政府。反抗的星火以燎原之勢迅速擴張，猴群們成功地占領要塞與港口，前景一片看好。

就在布拉特志得意滿的同時，中央政府派遣另一位相貌其醜無比的指揮官麥克・卡克梅爾（Mac Kackmale）執掌兵符，鎮壓叛變。就在這風雲詭譎的當下，暴亂猴群突然變成溫馴良民，全都乖乖地放下武器，安分守己地回到巨巖，不再下山。因為猴群相信，這位醜陋無比的卡克梅爾和布拉特一樣，也是自己人，而在猴群的世界中，最醜的人最有力量，將成為猴群的國王。

叛亂宣告失敗。

故事最後，殖民地政府也發現這一項詭異事實，於是國會做出決議，未來的殖民地總督，將由長相最醜陋的將軍來接任，以確保帝國的統轄與利益。

當然，這不是事實。

這篇具有強烈諷刺意味的短篇故事《吉爾・布拉特》發表於一八八七年，作者是法國著名科幻小說家儒勒・凡爾納（Jules Verne）。小說家藉由故事諷喻

了在當時社會引爆巨大爭議的達爾文學說，以及暴斂橫徵，以剝削為經濟主體的帝國主義。故事主要場景「巨巖」，是歐陸境內唯一帝國主義的過往陳跡，令人坐立難安的政治現實。

位於伊比利半島最南端的直布羅陀，與南方的炙熱大地遙遙相望，是大英帝國的最後一道返照迴光。直布羅陀海峽兩側桀驁嶙峋的衝天巨巖，也是上古神話裡的世界盡頭。

***

我和所有遊客一樣，像沙丁魚般擠在隊伍的最前端。含糊不清的英語、西班牙語廣播，交互提醒待會發生的事情，觀光客群聚在溫斯頓．邱吉爾大道兩旁，興奮地準備好相機及攝影機，目不轉睛地緊盯前方平交道，等待只有直布羅陀特有的交通景觀。

幾分鐘後，一架中型的噴射客機從跑道右方出現，待機片刻後就向前加速衝刺，前後不到十秒鐘的時間，客機就消失在群眾的視線。一會兒，另一架客機從右方天空出現降落，最後還花了好幾分鐘在跑道上滑行，當道路再度開放後，有些人露出「就這樣？」的詫異表情，當地人則回以奚落的視線。

右上—凡爾納作品《吉爾．布拉特》中，布拉特偽裝成獼猴，煽動猴群反抗；**右下**—布拉特與卡克梅爾扭打成一團。插畫為喬傑．胡（George Roux）作品

這是直布羅陀每天至少有六次的飛機起降秀，每次十分鐘，有些旅客可是專程為了看飛機在市區起降滑行而來。

我離開到處都是炸魚薯條小賣店的直布羅陀市區，前往古代被稱為「海克力斯之柱」的直布羅陀巨巖，想看看幻想小說裡那些古怪有趣的山上住民。

凡爾納筆下的猴群，並非無中生有，牠們是歐洲大陸上唯一「非人類」的靈長類：直布羅陀的巴巴利獼猴（Barbary Macaque）。長久以來，一直被當地視為吉祥物的獼猴，卻有一段崎嶇坎坷的歷史。古羅馬時期的醫學研究禁止大體解剖，醫生蓋倫（Galen of Pergamon, 129-216）以巴巴利獼猴替代人類進行解剖分析，並堅稱兩者在解剖學上是相近的，這項謬誤一直到文藝復興時期，才被現代解剖學之父安德雷亞斯．維薩流斯（Andreas van Wesel, 1514-1564）所推翻。

另一項廣為人知的迷信，傳說一旦獼猴在巨巖消失，英國對直布羅陀的統治便告終結，因此，英國政府一直留心獼猴族群的數量。第二次世界大戰期間，直布羅陀獼猴曾經只剩下寥落零丁的個位數，首相邱吉爾緊急下令給正在北非作戰的司令官蒙哥馬利，請他派出特遣隊到阿特拉斯山脈（Atlas Mountains）中搜尋獼猴，補足數量。

大戰結束後，獼猴意外地生養眾多，更留在直布羅陀所發行的貨幣上。

直布羅陀的巴巴利獼猴

早從一九一四年開始，直布羅陀就擁有自己的法定貨幣「直布羅陀鎊」，與英鎊等值。不變的主題是從城市任何一個角落都無法忽視其存在的直布羅陀巨巖，與當地人暱稱為「Liz」的女王伊莎白二世。其他則有十八世紀末在直布羅陀包圍戰（Great Siege of Gibraltar）守衛城市有功的艾略特將軍（George Augustus Eliott），以直布羅陀為據點，在特拉法加海戰擊敗拿破崙大軍的納爾遜將軍（Horatio Nelson），以及領導英國進行第二次世界大戰的前首相邱吉爾。包含英國本土與海外領地（British Overseas Territories），所有的紙鈔發行，都沒有像直布羅陀鎊那麼直接，直布羅陀鎊的紙鈔序列是大不列顛窺看帝國光榮的萬花筒。

除了戰績彪炳的偉業之外，二〇〇〇年發行的五鎊紙鈔，以及二〇〇四年發行的二十鎊紙鈔背面，都可以發現巴巴利獼猴的蹤影，忠實地呈現當地人對獼猴的喜愛。

不過話說一九九五年發行的五十鎊紙鈔，卻意外掀起軒然巨波。被凡爾納視為叛亂象徵，喜怒無常、朝三暮四的直布羅陀獼猴，竟然爬到女王頭上，雖然沒有欺君犯上，但大不韙的構圖設計引起保守人士的不安。上、下議院分別在國會大廈所在地西敏宮竊竊私語、交換意見，大家都害怕觸碰到女王的逆鱗。

這個時候，伊麗莎白二世有了回應。

上——直布羅陀 2006 年發行 10 鎊紙鈔，主角為艾略特將軍；**中**——20 鎊紙鈔，主角為納爾遜將軍；**下**——50 鎊紙鈔，主角則為邱吉爾首相

上──直布羅陀 1995 年 50 鎊；中──2000 年 5 鎊；下──2004 年 20 鎊，皆可看到獼猴身影

女王笑了。大家頓時鬆了口氣，畢竟時代不一樣了。

我在古老的新聞攝影中，發現讓女王釋懷的原由。一九五四年，剛加冕不久的伊麗莎白二世，帶著王儲查爾斯王子到面臨離析分崩的大英帝國屬地巡訪，首站就拜訪直布羅陀。年輕女王與小王子不能免俗地登上巨巖，宣示主權，順便餵餵猴子，記者們拍下那珍貴的一刻。當年小王子餵食獼猴的留影，可是紅極一時的明星萌照。後來遊客來到直布羅陀，都要和獼猴拍上幾張。不過我在相片中看見的，不是帝國的女王與王儲，我只看見一位母親，帶著孩子出遠門，所做的一切，只是為了讓孩子開心罷了。

不過也因為皇室做了一個錯誤示範，導致猴群過度依賴遊客餵食，破壞了原有的生態平衡。今天，在直布羅陀餵食獼猴，可是犯法，會被罰款的哦！

歐威爾式的荒謬國度

1987 年發行的緬甸 90 元紙鈔正面局部

緬甸

最後，黨將宣布二加二等於五，而你必須相信這是對的。

——喬治．歐威爾《一九八四》

或許，大部分人都聽過「這個國家」。印象中，它差不多與「邪惡」及「極權」劃上等號。在這裡，有一位最被全球媒體所熟悉的女子，是第二次世界大戰結束前兩個月出生的建國元勳之後，而她的父親則在一年多後的一場政治暗殺中殞命。成年後的她，積極鼓吹民主改革，結果在過去二十多年裡，生命在軟禁與釋放中糾葛反覆，犧牲了她的青春與自由，卻也成就不朽盛名。

她是翁山蘇姬（Aung San Suu Kyi）。

不過卻很少人知道，另一位被視為二十世紀

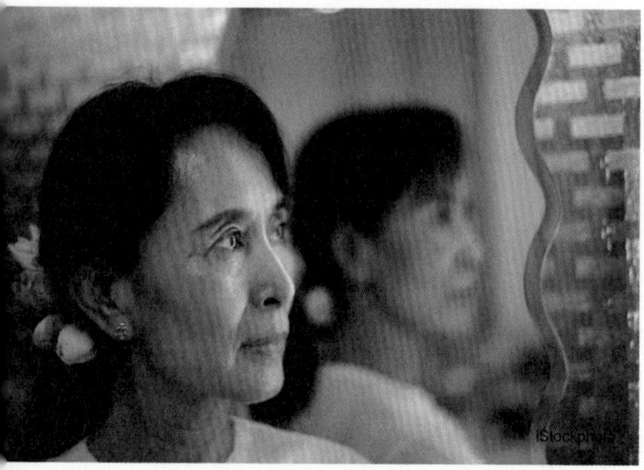

一生致力以非暴力方式達成民主的緬甸政治家翁山蘇姬，曾於 1991 年獲頒諾貝爾和平獎

最偉大英語系作家艾瑞克・亞瑟・布萊爾（Eric Arthur Blair, 1903-1950），一九二〇年代曾在大英帝國這個僻遠屬地擔任警察。直到服役五年後，在返鄉休養時，無預警地辭去公務員身分，脫下光鮮嚴正的制服軍裝，穿起街頭遊民的破爛行頭，投入文字創作的志業，從殖民地壓迫者轉變成關懷社會的記錄與反抗者。在文字定稿署名時，布萊爾刻意放棄自己的本名，而改用筆名「喬治・歐威爾」（George Orwell），他的第一部小說《緬甸歲月》（*Burmese Days*, 1934），就是根據他在遠東服役的經歷見聞所寫下，不過真正受後世推崇，是因為兩部具有強烈政治動機的烏托邦小說：《動物農莊》（*Animal Farm*, 1945）與《一九八四》（*Nineteen Eighty-Four*, 1949）。

透過書寫，歐威爾以《緬甸歲月》、《動物農莊》及《一九八四》，預見了二十世紀緬甸的厄運悲情。

時間先回推至十九世紀所爆發的英緬戰爭。一八八五年，大英帝國將緬甸併入英屬印度，將末代國王錫袍（Thibaw Min）與王后蘇帕雅拉（Supayalat）流放到印度，開始長達半世紀的殖民統治。一九三七年，緬甸成為獨立運作的殖民地。見證這段時期的歐威爾，以一位木材商約翰・弗洛里（John Flory）為主角，寫成了滿布陰霾的精采小說《緬甸歲月》，書中瀰漫著各式各樣的氣味——

胡椒、丁香、荳蔻、薑黃、柚木、黑檀、蒜頭、蝦仁……飛揚的塵土與碼頭工人的汗臭。歐威爾的文字，隱約透露出身為日不落帝國臣民的自豪與驕傲，卻也掙扎反省於殖民統治不義不公的剝削之中。由於文字敘述太過寫實，當年歐威爾將書稿交給出版社時，編輯認為有指涉誹謗的嫌疑，所以多次被退。直到一九三四年才由美國出版社正式發行，英國版則在一年後才發行。

一九四二年五月，日軍攻占緬甸，成立以巴莫（Ba Maw）為首，名義上獨立的緬甸執行政府。在日本支持下，反對大英帝國殖民政府、尋求獨立的翁山將軍（Gen. Aung San）組織緬甸獨立義勇軍，先與日軍聯手對抗英國，隨後在日軍支持下宣布緬甸從英國獨立。一九四三年，巴莫與翁山重組緬甸政府，翁山成為國防部長。幾個月後，翁山轉向支持以中美英為核心的同盟國，並組織「反法西斯人民自由同盟」對抗日軍。一九四五年日本投降後，宣布緬甸獨立是有效的。二戰後緬甸仍受英國控制，翁山卻在一九四七年七月十九日遇刺身亡。繼任者德欽努（Thakin Nu）繼續推動獨立運動。一九四八年一月四日，英國議會正式承認緬甸獨立，隨即成立了緬甸聯邦。翁山將軍則取代英王喬治六世，成為新國家的精神象徵。

不過真正的悲劇，卻從現在開始。

RESERVE BANK OF INDIA
I PROMISE TO PAY THE BEARER ON DEMAND THE SUM OF
TWO
RUPEES
MILITARY ADMINISTRATION OF BURMA
RESERVE BANK OF INDIA
GUARANTEED BY THE CENTRAL GOVERNMENT
I PROMISE TO PAY THE BEARER
ON DEMAND THE SUM OF
LEGAL TENDER IN
FIVE RUPEES
BURMA ONLY
AT ANY OFFICE OF ISSUE
indian-banknotes.blogspot.com
THE
RESERVE BANK OF INDIA
GUARANTEED BY THE CENTRAL GOVERNMENT
100
KANPUR
I PROMISE TO PAY THE BEARER
ON DEMAND THE SUM OF
ONE HUNDRED RUPEES
AT ANY OFFICE OF ISSUE
FOR THE RESERVE BANK
B 82 137868
RESERVE BANK OF INDIA
GUARANTEED BY THE CENTRAL GOVERNMENT
I Promise to pay the bearer the sum of
TEN RUPEES
on demand
at any office of issue
FOR THE RESERVE BANK OF INDIA
C. D. Deshmukh
GOVERNOR
Rs 10
E 24 001644

一九六二年，軍政府吳奈溫將軍（Gen. Ne Win）阻絕緬甸與外界聯繫，發起「具有緬甸特色的社會主義」改革運動，將農業集體化、資產國有化，列為主要目標。不過幾年光景，緬甸從印度支那的穀倉變成全世界最貧窮的國家之一。

同樣的故事也出現在歐威爾的《動物農莊》，故事講述一群豬推翻了人類農民，接手管理農莊，最後卻走向極權主義，小說以寓言說明權力如何腐化人心，及社會主義革命的危機。

歷史上的獨裁寡頭，對於絕對權力與自己的生命，都抱著異常渴望與執著。奈溫和嬴政、劉徹、王莽等人一樣，迷信占星讖緯之說。緬甸人忌諱數字九、十三和尾數是〇的「補」數（例如10、20、30、40、50、60、70、80、90）等數字。奈溫的御用占星師告訴他，若想要長命百歲，家族繁榮綿延，就必須避開九和〇，尤其是一九八九及九九年，是奈溫的大限之年。

因為迷信，奈溫做了一件動搖國本，覆地翻天的舉動：貨幣改革。

從一九八五年開始，緬甸軍政府開始有計劃地回收二十、五十與一百緬元（kyat），隨即發行面額七十五緬元的新紙鈔，慶祝奈溫七十五歲生日。

英國殖民時期的緬甸盧比（rupee）紙鈔，正面肖像為英王喬治六世

1980 年代發行的緬甸紙鈔，其中 75 元以及 35 元紙鈔，頭像為緬甸國父翁山將軍

CA 8093163
ပြည်ထောင်စုမြန်မာနိုင်ငံဘဏ်
ခုနစ်ဆယ့်ငါးကျပ်
75
HA 3810737
ပြည်ထောင်စုမြန်မာနိုင်ငံဘဏ်
သုံးဆယ့်ငါးကျပ်
35
EP 5681651
ပြည်ထောင်စုမြန်မာနိုင်ငံဘဏ်
တစ်ဆယ့်ငါးကျပ်
15
BG 4459944
ပြည်ထောင်စုမြန်မာနိုင်ငံဘဏ်
လေးဆယ့်ငါး
ကျပ်
45
CN 2608765
ပြည်ထောင်စုမြန်မာနိုင်ငံဘဏ်
ကိုးဆယ်ကျပ်

兩年過後，軍政府又無預警地停止面額二十五、三十五及七十五緬元的發行，只准面額四十五與九十的緬元流通。這兩組數字都能被九整除，同時也是奈溫個人的最愛，占星師則告訴他國家使用「九」這個至陽之數，從此就能擺脫貧窮，走向富裕康莊，而領導人也能益壽延年。

強人的反覆，導致國家百分之七十五的貨幣失去效用，緬甸經濟陷入空前危機，從惡性通貨膨脹到財政體系崩潰，最後引發「8888民主運動」。

小說《一九八四》，精確地描摹出冰冷、無情的反烏托邦（Dystopia），深刻地預視、映射出緬甸在軍政府統治下的眾生鏡像。

透過紙鈔，我們看見了歐威爾式（Orwellian）的荒謬與殘酷。

恐怖獨裁者的狂熱

2009 年利比亞發行 20 第納爾正面局部

北韓·伊拉克·利比亞

鑑於對全人類四海一家的固有尊嚴，及其平等無法讓渡權利的承認，這是世界上自由、正義與和平的基礎。鑑於對人權的漠視和侮蔑已發展成野蠻暴行，這些暴行玷汙了人類的良知。而一個人人享有言論自由、信仰自由、免於恐懼與匱乏的世界，已被宣布為普世人民的最高期望。鑑於為使人類不致因迫不得已、鋌而走險對暴政和壓迫進行反叛，有必要讓人權受法治的保護……。

——《世界人權宣言》

北韓

二〇一一年十二月二十八日，平壤的冬天異常寒冷，鵝毛大的雪花從空中甸甸地落下，萬壽台山現場哀鴻遍野，金正日的笑容從蒼白的冰霧裡現身，哭聲從四面八方傳來，這位朝鮮民主主義人民共和國最高領導人、朝鮮勞動黨總書記、朝鮮民主主義人民共和國國防委員會委員長金正日，根據北韓中央電視台的官方說法，是在前往慈江道熙川水電站視察的專列上，因為過度操勞而引起突發性心肌梗塞猝死。所有的一切，非常符合金日成、金正日父子「苦難中行軍」、「在戰鬥中死亡」，鞠躬盡瘁，死而後已的崇高形象。

消息一傳出，全球媒體譁然，大家都想知道北韓以「先軍思想」主導，大搞個人崇拜的虛擬烏托邦，未來究竟何去何從？

我曾經以不同的路徑進入北韓：中國遼寧省丹東市搭火車越過鴨綠江抵達北韓平安北道新義州市，或是從瀋陽搭機飛往平壤。另一個選項則是從俄羅斯太平洋西岸港都海參崴轉機降轉平壤。無論是何種入境方式，到北韓境內一視同仁：手機，電腦一律充公，集中保管、內建GPS的手錶與攝影器材也要寄放，外幣的數量也要嚴格登記。最後，所有的外籍遊客一同入住大同江與世隔絕的羊角島，行程也是千篇一律——萬景台金日成故居、妙香山、主體思想塔、黨創建紀念碑、千里馬雕像、少年宮、樂園百貨……。在我們出現的地方，總是有盛裝打扮、行跡可疑的人出現，可能是身著筆挺制服，坐在公園長椅上看書的短髮青年，也可能是裝扮「勉強」入時，手捧著鮮花的美麗少女。總有種說不出口的可疑與詭異縈繞在四周，即使他們面帶微笑地向我打招呼，我都忍不住去想：「這到底是真情？還是假意？」

看著金正日網路直播的國葬行列，四十公里！是怎麼樣變態扭曲的國家才

左上——1992年北韓發行50元紙鈔，正面主題為主體思想塔；**左下——**100元紙鈔，正面肖像則為北韓建國領導人金日成

iStockphoto

能做到這種程度，這不單單是法西斯、也不是用中央集權就能講解清楚，北韓的金氏王朝，是時空錯置，中世紀封建復辟的獨裁者。

金正日的時代或許結束，接班的金正恩，繼續使用舊方式延續政權：洗腦、恫嚇、勞改，以及我們不知道的血腥暴力。

二十世紀，是意識形態白熱對峙的激盪年代——資本對抗共產、自由民主對抗專制集權、改革開放對抗鎖國自閉。這些抗頡不一定顯而易見，有時候對抗都在幽晦隱匿中開始，也在無聲無息中消失結束。

不過更多時候，所謂的自由民主陣營，和獨裁者們，存在著隱晦不明的暗黑聯結。

伊拉克

二〇〇二年十月十五日，薩達姆・海珊（Saddam Hussein）在總統選舉中以絕對優勢，百分之百得票率當選伊拉克共和國第五任總統。選擇結果透過有線電視新聞網的昭告下，一個操弄國家機器，擁有大規模毀滅性武器的軍事獨夫，成為民主共和理想的共同敵人。

開票前兩天，我正好在巴格達市中心的伊拉克國家博物館，近距離欣賞修復師小心翼翼地將亞述王朝時期的楔形文字泥板黏貼組合。

這塊破碎的泥板，在我眼中象徵著分崩離析的伊拉克。每個伊拉克人都想用自己的方式將國家、歷史、文化，甚至是個人微不足道的自尊完整拼湊。不過有許多的努力是無功徒勞的。民生物資的缺乏，連過日子都是問題，更遑論如何保存傳承自美索不達米亞、亞述、巴比倫、薩珊、阿拔斯文化的絕代風華。

「啪！」一塊黏得不甚牢固的碎片掉下來，修復師難掩眼中的沮喪與失望。

離開博物館後，受邀參加了當地朋友的婚禮。難得的歡樂，一夜的唱唱鬧鬧，沖淡了國際經濟制裁下的窘迫拮据。我記得在角落的孩子們，端莊有禮地坐在長椅上，等待大人分配給他們新出爐的烤餅，我也記得新郎在眾人的圍繞之下手舞足蹈……，我也記得大家對未來的生活依然充滿期待與理想，有些年輕人計劃到海外求學，希望以後回國，可以重振伊拉克的驕傲。

意外的是，並沒有太多人對海珊有意見，反而希望經濟制裁趕快結束，「這樣大家就不會只有在婚禮才能吃飽！」新郎的爸爸這樣告訴我。

五個月後，以美國為首的聯軍，不顧聯合國決議，發動攻勢進犯伊拉克，不僅以絞刑結束了海珊的獨裁，也結束了巴格達朋友們弱不禁風的幸福。

我時常想起他們。

古老優越的文明，抵擋不了西方資本主義的貪婪侵蝕。我所知道的伊拉克，在炮火中灰飛煙滅。多年過去，在城春草木深的伊拉克，我嘗試各種管道，卻再也聯絡不到異地的朋友。

當年在巴格達所流通的，是二〇〇二年所發行的伊拉克第納爾系列，正面一律是海珊的側面肖像，背面則是古老文明的驕傲。每當拿起這套紙鈔——海珊、雄偉的伊什塔爾城門（Ishtar Gate）、老巴格達城區、耶路撒冷的阿克薩清真寺，和歷史悠久的姆斯坦薩里亞大學，都讓我回想起那美好的一週，古都最後的風和日麗，以及無能為力的悲哀。

利比亞

二〇一一年，茉莉花革命後升溫成內戰的利比亞，就是其中一例。長達四十二年的軍事獨裁，讓格達費成為阿拉伯世界中執政最久的獨裁者，不過

中——1994 年伊拉克發行 100 第納爾，正面肖像為海珊；**左上、左下**——2002 年發行之 25、100、250、10000 第納爾，背面分別以伊什塔爾門、老巴格達城區、阿克薩清真寺，以及姆斯坦薩里亞大學做為主題

iStockphoto

25
Central Bank of Iraq
Twenty Five Dinars
100
CENTRAL BANK O
One Hundred Dinars
DINARS
البنك المركزي العراقي
مائة دينار
ورقة نقدية صادرة بموجب القانون
250
Central Bank Of Iraq
ROCK DOME
Two Hundred Fifty Dinars
10000
TEN THOUSAND DINARS

在一九六九年，他可是以宗教護國的民族英雄姿態現身，受到中下階軍官與民眾的熱烈支持。在蘇爾特簡陋、高度神格化的格達費紀念館（現在可能已經沒了），就可以感受當時無比狂熱與崇拜。在紀念館現場，會一直聽到無限重播格達費綠色革命時慷慨激昂的演說錄音：「偉大的利比亞的人民！為實現你們的自由的願望與高貴的希望，誠實並正確地響應你們對改革與淨化的要求、對革命和反抗的渴望，你們的軍隊已經推翻了反動、落後、腐敗的政權，黑暗的時代已經過去了。從現在開始，在阿拉的大能下，利比亞是一個以利比亞共和國為名，自由自主的共和國。」

最初的共和理想，中途就腐化成軍事寡頭。格達費在一九八〇年代正式躍上紙幣，不過仍是亦步亦趨地跟在利比亞獨立之父穆赫塔爾（Omar el Mukhtar）的腳步之後，格達費特意將紙鈔上肖像設定成開明自在、瀟灑親民的鄰家大叔形象。

到了二〇〇二年發行的二十第納爾，格達費顯露出不可一世的自負，這張紙鈔的正面，是人類歷史上工程最龐大的水利灌溉系統「大人工河」（Great Man-Made River，簡稱 GMMR），希臘神話中法厄同（Phaëton）駕駛太陽神戰車墜落的熾熱大地，就是今天從利比亞、蘇丹延伸至衣索匹亞的撒哈拉內陸，透過這個從太空中清晰可見的灌溉系統，讓利比亞境內超過一百七十萬平方公里的不

左上—2002 年利比亞發行 1 第納爾；**左中**—2009 年新版 20 第納爾；**左下**—2008 年 50 第納爾。強人姿態昭然若揭

مصرف ليبيا المركزي
5 ج/9 386672
دينار واحد
صدرت بموجب القانون
عن مصرف ليبيا المركزي
المحافظ

20
مصرف ليبيا المركزي
عشرون دينارا
2 ع/82 678606

50
مصرف ليبيا المركزي
هذه الأوراق النقدية صالحة قانونا لسداد أي مبلغ
خمسون دينارا
صدرت بموجب القانون
عن مصرف ليبيا المركزي
المحافظ
1 خ/26 679921

毛之地帶來滋潤清涼。大人工河的開發，粗估斥資二百五十億美元，這筆款項來自於利比亞與歐洲各國的石油、重工業與軍火交易。

背面則是一九九九年非洲統一聯盟高峰會時，格達費透過石油輸出的影響，讓這位利比亞「革命導師與領導弟兄」儼然以非洲地區的領導者自居。

格達費的獨裁政體，是靠鄉愿民主的綏靖姑息，與自由經濟的滋養而茁壯。

二〇〇八年，格達費的姿態更加不可一世，自我感覺良好的傲慢溢於言表，下撇的嘴角與太陽眼鏡，遮掩不了利比亞強人執拗矜己的蠻橫強戾。

三年後透過網路直播，全世界都看到獨裁者的末路窮途。

從格達費、海珊、金日成，到過去的阿敏（烏干達總統，自稱為『蘇格蘭王』）、尼亞佐夫（土庫曼總統）、蒙博托（已經不存在的薩伊共和國總統），獨裁者們總是以不同姿態出現在紙鈔上。新興的獨裁者們，則更聰明地將自己隱藏於開放之中。新獨裁者不再以封鎖自閉斷絕人民與外界的聯繫，新獨裁者給予民眾更多表面與程序上的自由，讓民眾活在虛假的民主幻象中。

每一張印有獨裁者肖像的紙鈔，隨時提醒著我：在這不完美的世界中，還有許多可能，值得為它奮戰。

喀爾巴阡山下
無盡的嗚咽

2005 年羅馬尼亞發行 1 列伊背面局部

羅馬尼亞

我們像鷹一樣振翅高飛在雲端，現在卻掉到塵土，在泥沼裡打滾……如果這是自由人所過的生活，那麼我們這樣的生活、這樣的自由是徒托空言。我們播種玫瑰，長出來的卻是荊棘。

——保加利亞詩人喬吉夫（Mikhalaki Georgiev）

貫穿舊世界的中央山脈，從大西洋支離破碎的海岸線拔地而起，一路旖旎西行，一直延伸到黑海側的多瑙河平原，嶙峋險峻的山勢，讓古代先民望而生畏，在「世界很新，萬物都沒有名字，只能用手去指」的混沌洪荒，人們用最簡單的語言說出自己的崇敬及感受。這座古代山脈，在最西方被人們稱為「阿爾卑斯」（Alpes），在拉丁文中的意思就是「山」；延伸至地中海的山脊，則被稱之為「亞平寧」（Appennini），「亞平寧」是義大利語中的「阿爾卑斯」，所以意思也是「山」。

綿延至維也納附近阿爾卑斯，卻一下子失去了氣勢，像匍匐前進般銷聲匿跡，一直要到過了斯洛伐克首都布拉提斯拉瓦（Bratislava）北方，才又重振雄風，山勢愈往東方，形勢則愈加險惡。最險惡的部分，幾乎都坐落在羅馬尼亞境內，古代旅行者給了這片山林，三個危險又詩意的名字：

「外凡尼西亞」（Transylvania），意思是「穿越森林」。

「瓦拉幾亞」（Wallachia），指的是「陌生人之地」。

「摩達維亞」（Moldavia），原來是「塵土飛揚的土地」

隱身在喀爾巴阡的幽暗森林、陌生人與塵土背後，是許許多多哀怨淒楚、扣人心弦的傳奇故事。

***

離開布加勒斯特前往瓦拉幾亞的路上，道路開始出現大小不一的坑洞，沿途前共產風格的舊公寓，後蘇聯時期的廢廠房，踉蹌中走走停停的老巴士，讓人有置身於黑白電影的錯亂感受。除了吃力運轉的引擎聲外，車內沉甸甸的靜默，讓我有種想大聲喊叫的衝動。

遠方，喀爾巴阡的黑影在雲霧中浮現；故事的舞台，就在路的盡頭。

位於多瑙河流域虔誠的東正教之都，同時也是最古老的城鎮——阿爾傑什河畔庫爾泰亞（Curtea de Argeş），位於喀爾巴阡山下的瓦拉幾亞，位置約莫是現代羅馬尼亞境內東南。揉合伊斯蘭與東正教氣息的老城區，雖然不大，卻別具風味，阿爾傑什河畔庫爾泰亞擁有許多故事性強、戲劇性濃烈的建築作品，其中最有名的，就是二〇〇五年所發行一列伊（Leu）上，別稱「鳥人教堂」的阿爾傑什河畔庫爾泰亞大教堂（Curtea de Argeş Cathedral）。

這座具有拜占庭形式結構，阿拉伯雕花飾帶的美麗建築，白色的外觀具有純粹和諧的美感，走進正門後，我被它濃郁厚實的東正教聖像繪畫所震懾，每一處溼壁畫所使用的顏色都極為強烈，從救世主誕生到末世審判，每個細節都讓人有身歷其境的神聖體驗，光線從上方的石窗投射下來，永恆的救贖近在眼前。

為什麼被稱做「鳥人教堂」呢？背後隱藏著一段悲傷的傳奇故事。

根據瓦拉幾亞代代相傳的古老詩歌集《小

喀爾巴阡山下的「鳥人教堂」

2005 年羅馬尼亞發行 1 列伊紙鈔，
述說一段悲傷的傳奇故事

羊》（*Miorița*）的敘述：一五一二年，羅馬尼亞建築師馬諾萊（Meșterul Manole）受到公國統治者，巴薩拉布（Neagoe Basarab）親王的邀請，為瓦拉幾亞興建一座嶄新的主教座堂。馬諾萊帶領他的工作坊一行十人，兢兢業業地建造教堂。就當工程即將竣工之時，馬諾萊赫然發現，教堂前塔的迴轉立面，無論怎麼砌磚，都會崩塌損毀，無論試了多少次都無法完成。延遲的工程進度，惹惱了心焦如焚的巴薩拉布親王。在氣急敗壞之際，巴薩拉布下令若是教堂不能如期完工，就要馬諾萊及工匠們的人頭落地。

走投無路的馬諾萊與工匠們，在坐立難安的驚恐中又過了好幾天，直到某天晚上，馬諾萊做了一個夢，夢中使者告訴他，如果要完成教堂，就必須犧牲一名年輕女子的生命。馬諾萊將這個夢告訴工作坊的同事們，在痛苦中，他們做了一個殘忍的決定：第二天第一個出現在工地的女性家眷，將成為教堂的祭品。

第二天清晨，馬諾萊和工匠們在晨霧中等待，不久後，晨曦中出現一個女人的身影，愈來愈近，愈來愈清晰，來的人是馬諾萊的妻子安娜。馬諾萊看見是妻子的身影時，心頓時涼了半截，他暗中祈禱馬上颳風下雨，希望能讓安娜知難而退，半途折回。一會兒，真的下起大雨，不過安娜實在是太興奮了，她有個好消息急著要告訴馬諾萊。

當安娜終於見到馬諾萊時，馬諾萊對妻子說：妳先過來，我們來玩個小遊戲！我叫工匠們在妳身邊砌起磚牆，把妳包圍起來，妳覺得如何？

安娜高興地答允點頭，工匠們不發一語，靜靜地在她身邊開始砌牆。當安娜發現牆愈砌愈高，卻沒有留任何門戶出口時，發現事情不對勁的安娜哭了，她泣不成聲地對馬諾萊說：「我是要來告訴你，我懷孕了！」痛苦萬分的馬諾萊放聲哭嚎，流下懊悔的眼淚，但是與工匠們的約定不能更改，工匠們只能不停地砌牆。

最後，安娜被活生生地砌在了教堂的牆裡。

付出慘痛代價的馬諾萊，終於讓主教座堂如期完工。親王對於建築十分滿意，對巴薩拉布來說，阿爾傑什河畔庫爾泰亞大教堂不僅是歐洲最美的教堂，更是能讓他留名青史的偉大建築。惡向膽邊生的親王心想：如果其他人也僱傭馬諾萊，造一座更大更美的教堂，那怎麼辦？當下巴薩拉布決意讓這座優美絕倫的教堂不僅空前，也要絕後，唯一的方法就是殺死馬諾萊和他的工匠。親王趁著工匠們在教堂尖頂做最後的收尾修飾時，下令悄悄撤除了所有的梯子，這樣馬諾萊一行人只能活活餓死屋頂，或是跳樓自殺。

馬諾萊和他的工匠們，不愧是瓦拉幾亞最傑出的能工巧匠，他們藉助屋頂

左上—庫爾泰亞大教堂；**左下**—相傳為馬諾萊墜地之處；**右下**—安娜被砌進牆之處，如今留有一標記

上最後剩餘的鷹架、細纜與身上的衣服，打造出可以綁在手臂上的翅膀，只要像鳥一樣地拍動翅膀，就能像鳥兒一樣飛翔。

可憐的是，這種比神話中伊卡魯斯的翅膀更簡陋的飛行器，不足以讓他們逃出生天。起飛不久後，工匠們就一個個墜地身亡。馬諾萊算是其中比較有辦法的一位，逃得最遠，但也只飛了二百四十公尺左右，最後重摔在教堂外的一口井旁。

我站在傳說中馬諾萊掉下來的所在，井旁的石欄上，現在還有一處碰撞所產生的凹痕，當地人告訴我，這是馬諾萊墜落，頭撞擊時所留下。這悲哀的痕跡，多少年來讓詩人觸景傷情，實際上馬諾萊、安娜與鳥人飛行的故事真實與否，到現在還有許許多多的謎團，留待後人解謎。

英國詩人艾略特曾經說過：「這世界結束的方式並非一聲巨響，而是一陣嗚咽……。」

我想，我們寧可相信鳥人教堂的悲傷傳奇，是真的。

對我們來說，教堂迴旋的鐘塔立面、牆上的印記、井邊的凹痕，就是那無盡的啜泣嗚咽。

航向西南西，直到改變世界

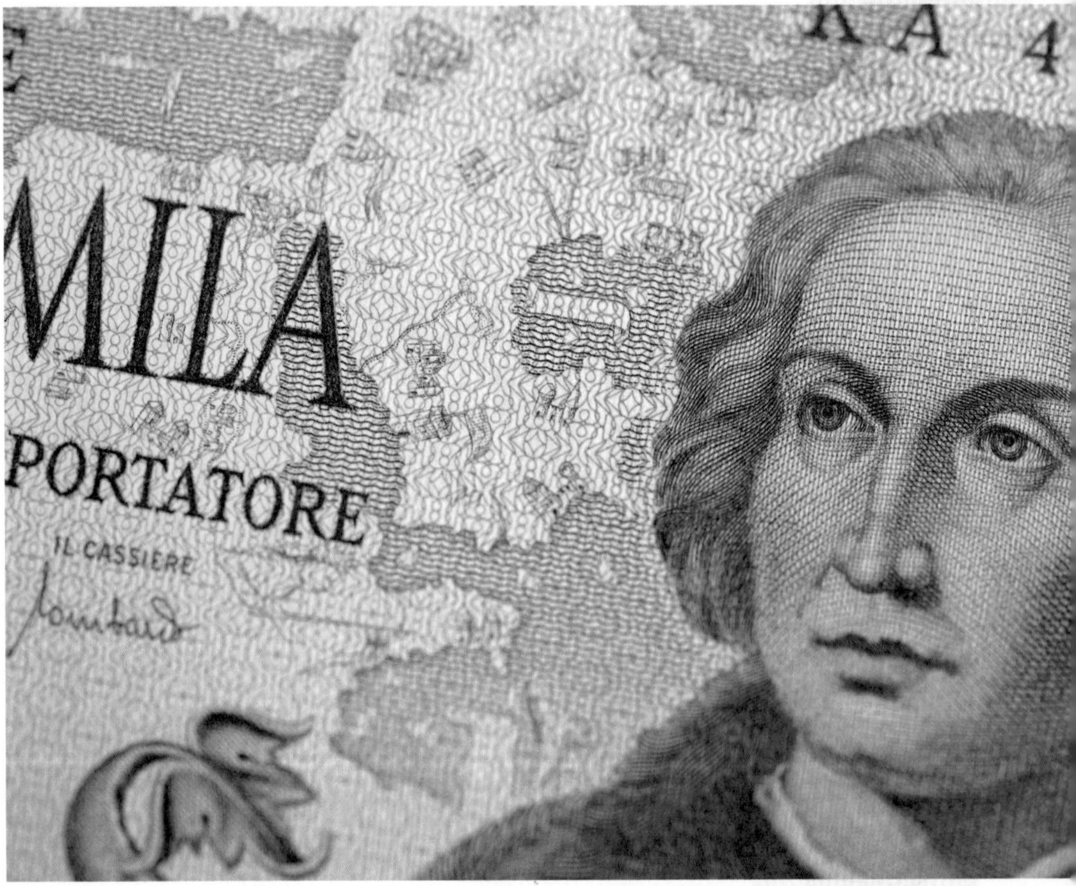

1971 年義大利發行 5000 里拉正面細節

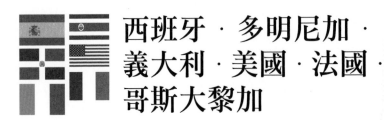

西班牙 · 多明尼加 · 義大利 · 美國 · 法國 · 哥斯大黎加

在人生的海洋上，最痛快的是獨斷獨行，最悲慘莫過於回頭無岸。
——哥倫布《航海日誌》

在赤道太陽蒸騰下，大雨過後的奧薩馬河（Río Ozama），散發出泥土與青草的氣味，這裡是多明尼加共和國首都聖多明哥（Santo Domingo）。我沿著河堤漫步，向東方望去，一座難以想像、巨大無比的灰色石壘，如天宮碉堡般，矗立在不遠的前方，沒有人會忽視它的存在。

這座奇特而冷漠的詭異建築，長二百一十公尺，高五十九公尺，無論從哪個角度來看都很驚人。第一印象，會以為它是中世紀主教座堂，從筆直深遠的長廊進入，中軸線貫穿整座建築，兩側還有延伸出去較短的翼廊，中心十字交會的所在，是由大理石、青銅與義大利陶瓷所雕砌的雄偉聖壇，而最核心的地方，放置哥倫布頭骨的黃金棺，就安座其中。

這座陰沉、不討喜的水泥怪獸是哥倫布燈塔（Faro a Colón），它之所以稱為「燈

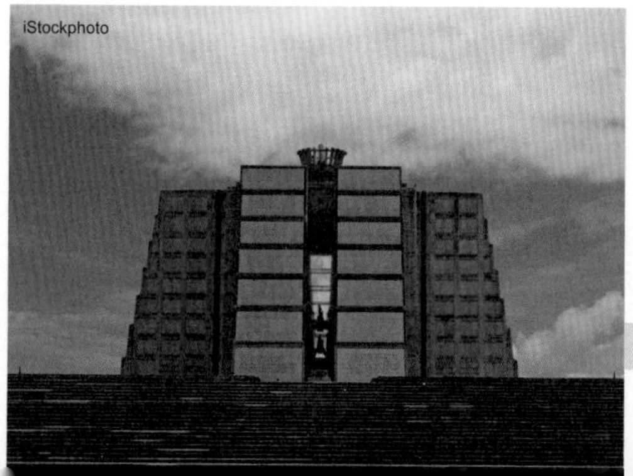

位於多明尼加首都聖多明哥的哥倫布燈塔，宛如天宮碉堡

塔」，是因為在建築物上方，裝設有一百五十七盞四千瓦探照巨燈，每天晚上，所有的光源向上發射，不僅整座城市都籠罩在它的光幕之下，甚至連鄰近的波多黎各與海地，也會看見它投射在天空的巨大十字。

十九世紀之前的歷史與政治學者，普遍認為哥倫布是一位「崇高、慷慨，令人緬懷及歎服」的偉大人物，但這位熱情、個性反覆的航海家，一生的飄泊，似乎就注定他日後的偉大開創。

有人說，他是個夢想家。總是想像著遠方那閃耀著琉璃與黃金的應許之地。有人說，他是個投機分子。讀書不求甚解，憑著拾人牙慧的一知半解，周遊列國尋找可能的贊助者，只為一個充滿風險，大膽卻破綻百出的航海計劃。

也有人說，他是個宗教狂熱分子。相信讖言及異象的力量，總有一天，耶穌基督的聖名會因為他而遠播。更有人說，他的發現純粹只是因為運氣好，即使歷史上不曾存在這個人，世界仍會繼續運行，會有另外一個人，以不同的故事開啟新世界的視野。

身為帝國主義的先行者，從任何角度來看，對於新世界文明，他代表了苦難與死亡。雖然歷史對他個人評價不再全面肯定，但卻也未曾在歷史教科書中缺席。

歷經了多年的死纏爛打，甚至公開放話嗆聲，也許他的贊助者，亞拉岡的斐迪南二世（Fernando II de Aragón）與卡斯提爾的伊莎貝拉（Isabel I de Castilla），是在心不甘情不願的情況下，支持他充滿不確定因素及昂貴的跨洋航行。以文藝復興時期的觀點，無異於現代美國太空總署的月球移民計劃。

其實我們可以理解斐迪南二世與伊莎貝拉的擔憂，畢竟在幾個月前，這對忠貞的基督徒國王、女王才在格拉納達擊敗伊斯蘭政權，解放伊比利半島。百廢待興的新生國家，甫成立就面臨破產的財務窘境。

上——1957 年發行的西班牙 1000 比塞塔，正面頭像為亞拉岡的斐迪南二世與卡斯提爾的伊莎貝拉；**下**——1945 年發行的西班牙 5 比塞塔，背面描繪斐迪南二世收復格拉納達

在堅定拒絕冒險家三次後，女王還是榨出最後一點資源，投入這項橫越大西洋，發現通往黃金與香料之鄉新航路的偉大計劃。

根據一四九二年四月十七日的聖塔菲協議（Capitulations of Santa Fe），斐迪南與伊莎貝拉答應冒險家，如果他成功了，將被授予「世界洋海軍上將」勛位，並且被指派為所有他發現並宣布為西班牙領地的總督和統治者。關於新土地上的任何部門，他都擁有提名及任命權。除了可以永遠從新土地的總稅收提取百分之十充做個人收入，還有購買新土地上所有商業投資八分之一的股份及收益的優先權。不管怎麼看，冒險家買空賣空的計劃，他是唯一贏家。

一四九二年八月三日，冒險家率領由旗艦克拉克帆船聖瑪利亞號（La Santa María）、卡拉維爾三桅帆船尼尼亞號（La Niña）及平塔號（La Pinta），從帕洛斯港出發，航向未知。

他是哥倫布（Christopher Columbus），一生對新航路懷抱無比憧憬，勇於挑戰空白。從他的航海日誌來看，這是一趟充滿焦慮、猶豫與懷疑的危險之旅。當艦隊離開地圖所載的常識後，船上開始醞釀猜忌及叛變，任何的異變天災都比不上人心險惡。哥倫布以血腥鎮壓與利誘懷柔（例如第一個發現陸地的人可以領取高額獎金）並行的強勢風格，領導這支分崩離析、各懷鬼胎的遠征隊。面對汪洋日復一日的單調無聊，也只能無奈地在日誌上寫下「我們今天繼續航行，方向西南西」。一連五週，前進是唯一目的。「方向西南西」也是唯一的心情紀錄。

一四九二年十月十二日星期五清晨五點，平塔號上的水手特里亞納（Rodrigo de Triana）第一個看見陸地。隨後平塔號船長平松（Martín Alonso Pinzón）確認了這個發現，並鳴砲通知了哥倫布。但哥倫布在返回西班牙後，堅持說他早一步就看見陸地上的火光，因此將許諾給第一個發現大陸的人的獎金據為己有。

哥倫布登陸所在地，位於今日盧卡亞群島（Lucayan Archipelago）中的聖薩爾瓦多（San Salvador Island），隨後建立第一個殖民基地——納維達德堡（La Navidad，海地共和國境內）。只不過，殖民基地在隔年即遭到風災及原住民的破壞而廢棄。哥倫布隨後又在伊莎貝拉（La Isabela，多明尼加共和國境內）墾殖，如今遺址上只有殘留下來的地基及簡單的紀念碑。

從世界貨幣的發行品項及數量來看，哥倫布與拉丁美洲革命家西蒙・玻利瓦（Simón Bolívar, 1783-1830），是出現最多次的跨國人物。西元一八七四年，美國第一銀行所發行的一美元紙鈔上，正面就印有哥倫布與華盛頓的肖像，美國似乎要把哥倫布據為己有，同時也宣示合眾國對中南美洲的企圖與野心。

上——1945 年發行西班牙 5 比塞塔，正面描繪聖塔菲協議；**中右**——1992 年多明尼加共和國發行 500 披索，紀念哥倫布發現新大陸 500 週年；**中左與下**——1971 年義大利發行 5000 里拉，正面頭像為哥倫布，背面描繪三艘首航艦隊

上—1943 年西班牙發行 1 比塞塔，背面描繪哥倫布登上新大陸；**中**—1874 年美國發行 1 美元，正面頭像為華盛頓，左側描繪哥倫布發現新大陸；**下**—1942 年哥斯大黎加發行 50 科朗，背面描繪 1502 年哥倫布抵達位於今日哥國境內的卡里亞里（Cariari）；**下左**—法國海外省瓜德羅普 1942 年發行 5 法郎，也以哥倫布做為頭像。

法國也做過同樣的事，一九四二年流通於海外省瓜德羅普（Guadeloupe）的五法郎，正面意外地出現哥倫布的肖像，原因是十九世紀時，部分法國歷史學家堅稱哥倫布是法國人。

關於哥倫布的一切，即使是二十一世紀的今天仍然爭議不斷，但他的冒險事業所帶來的發現與改變，卻是不容小覷的事實。**從不同角度觀察，哥倫布揭開了全球化時代序幕，在接下來的五百年間所衍生而出的衝擊與混亂，形成今天世界的樣貌。**

當夜幕低垂，哥倫布燈塔那令人錯亂的白光再度衝上雲霄，聖多門各每個角落都可以看見、甚至聽見數以萬計，各色各樣的昆蟲、飛鳥、蝙蝠在光牆中聚集飛舞，當地居民似乎早就習以為常、見怪不怪，但這樣情境在我眼中看來，實在是很詭異、荒誕，帶有超現實的魔幻色彩——莊嚴肅穆的國家紀念堂，瞬時化成史托克筆下的德古拉城堡，充滿諷刺又黑暗的象徵意義。

多少自視為哥倫布繼承者的狂熱分子，打著顛覆、革命、解放、民主、自由的旗幟，化成殺絕趕盡的吸血惡魔，就像這些整夜盤旋的蝙蝠一樣，繼續在苦難的新世界上空伺機而動。

承繼古典傳統的法蘭西藝術精神

1943 年法國發行 1000 法郎紙鈔反面局部

法國

生命只是一連串孤立的片刻，透過回憶與幻想，許多意義浮現，然後消失，而在消失後再度浮現……。

——普魯斯特《追憶似水年華》

羅浮宮玻璃金字塔的地下入口，還沒開放，早就擠得水泄不通。在肩摩踵接的當下，周遭彌漫著黏膩焦躁的情緒。

好不容易挨到開館，倉皇不安的人群，像海嘯般衝入博物館。大部分遊客都蜂擁至《米洛的維納斯》、《薩莫特拉斯的勝利女神》與《蒙娜麗莎》——所謂的「鎮館三寶」前頂禮膜拜，在用力拍照、打卡之後，然後以最快的速度離開羅浮宮，前往下一個景點。

我則刻意避開人群，信步前往此時「相對」觀光客較少的黎塞留庭院（Richelieu Wing）後廂，稍稍歇息，短暫脫離令人窒悶的喧囂。相較於知名度較高的德農庭院（Denon Wing），黎塞留庭院的氛圍寬綽曠達許多。我偏愛這區文藝復興時期以後的法蘭西繪畫作品，從掠影浮光的素描、輕逸瀟灑的水彩到濃郁雅緻

羅浮宮的黎塞留庭院後廂

的油畫作品，應有盡有。如果願意多停留一段時間，可以再從後廂的連接走廊進入德農庭院，欣賞巴洛克及洛可可時期的繪畫作品，同時也可以嘗試描摹自己心目中法蘭西繪畫的精神地圖。

欣賞法蘭西繪畫藝術，十六世紀是個不錯的切入點。法國國王法蘭索瓦一世（François I）曾兩度聘請義大利藝術家到宮廷從事繪畫裝飾及授藝，帶動後來「楓丹白露畫派」（École de Fontainebleau）的出現。

來自義大利半島的人本

楓丹白露畫派匿名畫作《加布利埃爾和她的姊妹》（Gabrielle d'Estrees and Her Sister, the Duchess of Villars）

精神，深遠地影響法蘭西畫壇，法國畫家不僅充分理解義大利文藝復興的種種技法，更加入了眾多屬於在地的文化元素。

細心觀察，你會發現法蘭西繪畫與同一時期的尼德蘭、西班牙或義大利畫家有很大的差異。法蘭西繪畫在優美細膩的背後，總隱藏著不為外人所道的堅毅執著。夏丹（Jean-Baptiste-Siméon Chardin）化瞬間為永恆的靜物畫，有「獨坐幽篁裡、彈琴復長嘯」的沉穩自得；華鐸（Jean-Antoine Watteau）富貴雋永的風物詩，沾染「此情可待成追憶，只是當時已惘然」的世故了然。弗拉戈納爾（Jean-Honoré Fragonard）的《鞦韆》（*The Swing*），歡笑中含蘊著「夕陽無限好」的哀愁，德．拉圖爾（Maurice Quentin de La Tour）的《龐巴度夫人》（*Madame de Pompadour*），在雍容閒雅的投足舉手下，遮掩著「每到春來，惆悵還依舊」的黯然。

德．拉圖爾 1755 年畫作《龐巴度夫人》

每一幅畫，似乎藏著無限心事，留待旅人叩問。

在兼具澎湃熱情與冷漠疏離的情感中游移，法蘭西繪畫減去厚重莊嚴的宗教感，多一份人性可觸碰的柔軟。恣意揮灑色彩的同時，不但留住人間最直接、也最誠摯的面貌，同時也有意在言外的幽微。

塞納河左岸奧塞美術館內的繪畫館藏，則在創作精神上延續了法蘭西風格對美的高度敏銳。除了大眾所熟悉的印象派作品以外，奧塞同時也是十九世紀法蘭西學院藝術（Academism）的大本營。也被稱為「華麗藝術」

法蘭西學院藝術代表人卡巴內爾（Alexandre Cabanel）1863年作品《海邊誕生的維納斯》

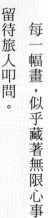

（Art Pompier）、「折衷主義」（Eclecticism）、歷史主義（Historicism）或融合主義（Syncretism）的學院藝術，以嚴謹的繪畫技巧、精湛的用色，呈現崇古、復古的孺慕情懷，以及和諧均衡的理想之美。同時在作品之中，也表現出對傳統的理解與尊重。

布列東（Jules Breton）於一八五九年所發表的《召回拾穗人》（*Le Rappel des glaneuses*），以細緻堅定的筆觸，傳達畫家對國家、政治、宗教的堅定信念，與對人及土地的關懷。

但是，不是只有在博物館、藝廊裡才能看見法蘭西藝術的美。

布列東畫作《召回拾穗人》

另一種重要的表現方式，是色彩豐潤、風格典雅的法郎紙鈔。歷代設計法郎的藝術家，都極盡所能將法蘭西繪畫傳統中纖細綽約、開放、具有生活況味的風貌，融入法郎紙鈔的印製。

一九五七年以前的法郎，就具有學院派的唯美格式。這套法國國家銀行於一九四一年至一九五〇年所發行流通的法郎系列，小面額的五、十、二十法郎就表現出天真浪漫的田園風光，畫面中尋常可見的男女老幼，在舉手投足、眉宇神情間也流露出悠然自得的安適。

而在高面額的一百、五百、一千法郎紙鈔上，除了哲學家笛卡兒（René Descartes）與路易十四時代政治家庫爾貝爾（Jean-Baptiste Colbert）外，其他都以傳說時代中的天使、商業之神麥丘利、智慧女神密涅瓦與天后朱諾為設計圖樣。

最後，面額最高，票幅也最大的五千法郎，正面是象徵法國的法蘭西女神，畫面環繞著來自全球各地的珍稀花卉，女神的下方有三位不同人物肖像，分別是非洲、印度支那與阿拉伯人，某種志得意滿的優越溢於言表。背面法蘭西女神以對印的方式呈現，這是法郎紙鈔愛用的防偽技術。而背景則是殖民地風光，天然海灣、繁華港口與豐饒物產，勾勒出令人神往的異國風采，與自鳴得意的國家認同。

左——1941 年法國發行 5、20 法郎，以尋常人家做為主題，流露出悠然自得的安適

5
BANQUE DE FRANCE
131954245
5
CINQ
FRANCS
LE CAISSIER GÉNÉRAL
U.53

5
BANQUE DE FRANCE
LE CONTREFACTEUR SERA
PUNI DES TRAVAUX FORCES
A PERPETUITE
5

20
BANQUE DE FRANCE
20
345037747
VINGT
FRANCS
LE CAISSIER GÉNÉRAL
LE SECRÉTAIRE GÉNÉRAL

20
BANQUE DE FRANCE
20
LE CONTREFACTEUR SERA
PUNI DES TRAVAUX FORCES
A PERPETUITE

上 —1943 年法國發行 100 法郎，反面為天使，**下** —1943 年發行 1000 法郎，反面為麥丘利；**左上** —1942 法國發行 5000 法郎，以法蘭西女神勾勒出令人神往的異國風采

5000
BANQUE DE FRANCE
5000

062070436

很快地，過了幾年，這個世界上第二大的殖民帝國，就在時代的推動下崩解，從絢爛再度歸於平淡。唯一留存下來的，是法郎紙鈔中褪色的富庶榮景。

＊＊＊

長久以來，法蘭西學院派被許多自命不凡的作家視為「造作矯情」、「因襲陳腐」、「濫情浮誇」的負面代名詞。仔細想想，藝術史上集體價值被抹殺、被汙名化的繪畫流派並不多見，學院派藝術就像是文明史上的希伯來民族一樣，曾經徹底地隱沒在黑暗之中。

時間先回到十九世紀，印象派畫家在視覺藝術發展到極限時，提出了以新技法描繪自然狀態下的光影、動作：不注重細節的描繪，探究造形上的意義，無論是街角女子的匆匆一瞥、河面上粼粼閃動的波光、在風中搖曳金色麥浪，印象派畫家嘗試捕捉瞬間的永恆，在美感經驗上偏向感性的滿足。

相對地，學院派繪畫對歷史、文化有深刻地省思，富有服務熱忱，對國家或宗教懷抱崇高的理想與信念。就精神內涵而言，學院派對社會有更強烈的道德使命感，他們相信「思考」的力量，強調「知性」上的喜悅。同時，學院派藝術家也是一群熟悉古代典籍、文學詩歌的知識分子，當年左拉、波特

萊爾、雨果、巴爾扎克常常與學院派藝術家聚會，進行哲學性的深刻對談。

想瞭解法蘭西學院派與印象派最大的不同處，是對國家、政治、社會事件涉入程度不同處，我們可以檢視一八七〇年所發生的普法戰爭（Franco-Prussian War）做為參考。當戰事發生時，學院派畫家前仆後繼地放下畫筆，拿起槍桿保衛國家，年長者捐資散財，服民防役；年輕力壯的到前線服正規兵役，畫風唯美的詹姆斯・迪索（James Tissot）、狄泰爾（Édouard Detaille）、以《聖女貞德》聞名的洛爾（Lionel Royer），都在前線有出色的表現，後來還有不少人沙場捐軀。學院藝術健將，同時也熱烈支持印象派的巴齊耶（Frédéric Bazille），在博恩－巴羅朗德戰役（Battle of Beaune-la-Rolande）中彈身亡，幾週之後以《莎樂美》聞名的雷紐爾（Henri Regnault）也在巴黎城郊的布松瓦爾之役（Battle of Buzenval）陣亡。

畫家雷紐爾作品《莎樂美》

反觀印象派畫家對保家衛國的反應就比較冷淡，許多人——莫內、畢沙羅、梵谷——選擇避居布魯塞爾或倫敦，有些人——例如塞尚，則出錢逃避兵役。

或許有人會說學院派屬於資產階級，而印象派畫家則是出身中下階層，貧窮但浪漫的波希米亞人，不過如果仔細比對十九世紀法蘭西藝術家們的出身背景，你會發現大多出自於中產階級。唯一不同的地方，還是在於對社會議題的關切。一八九四年，撼動歐陸的德雷福事件，小說家左拉在報上以《我控訴》（J'accuse）指責法國政府的反猶政策，以及對猶太裔軍官德雷福斯的迫害，左拉最後被判刑、被迫出亡，事件後來雖獲得平反，在背後也是經由許多學院派藝術家奔走遊說。

此外，除了畢沙羅與梵谷之外，大部分印象派畫家對農工、藍領階級的生活沒有太大的著墨，而具有社會主義傾向的學院派畫家，則以尊貴的眼光凝望勞動，無論是辛勤揮汗或罷工，學院派畫家都給予尊重與憐憫。

當然，學院派藝術家們的整體水準不可能完美一致，有些畫家作品的確流於珠光媚俗，或纖麗細瑣，但無可否認，是學院派對古典傳統的承繼發揚，形塑了法蘭西民族對家國的情感認同。這也就是為什麼法郎紙鈔在構圖設計與印製發行上，學院派依舊是最重要的視覺與精神元素的原因。

從歷史中心推向世界邊緣

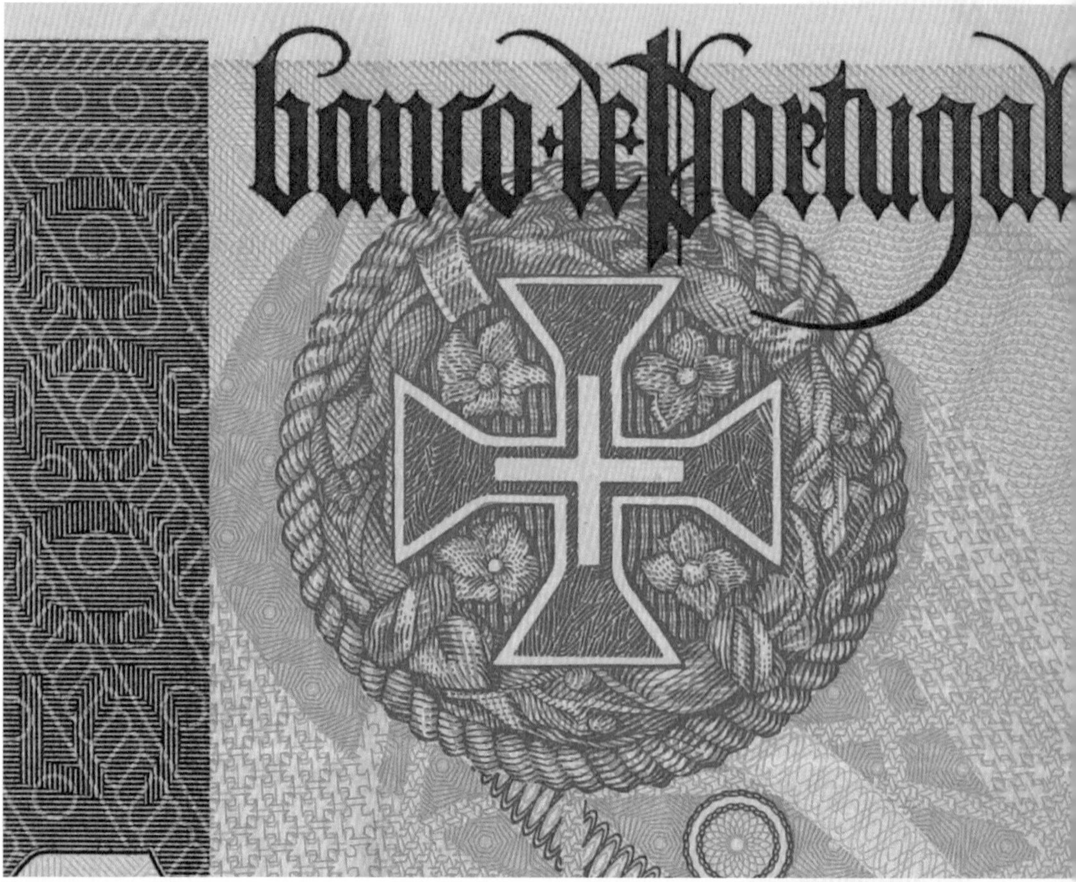

1995 年葡萄牙發行 5000 埃庫斯多正面局部

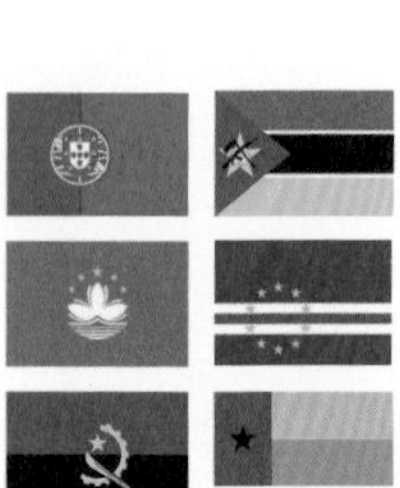

葡萄牙．澳門．安哥拉．莫三比克．維德角．幾內亞比索．聖多美普林西比

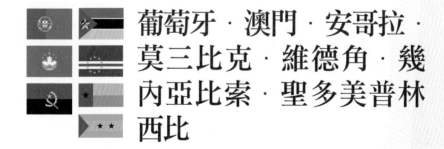

從來沒有一個民族在造就自己之前，就被自己的惡運打敗……。

——伊斯蘭學者．穆納畢（Wahb ibn Munabbih, 655-732）

一九七四年四月二十五日，北大西洋的東岸，一場即將席捲全球的風暴，在不安中醞釀，蠢蠢欲動。

首先，上午十點五十五分，里斯本文藝復興電台（Rádio Renascença）播出了當年代表葡萄牙參加歐洲歌唱大賽歌手保羅．卡瓦荷（Paulo de Carvalho）的《告別之後》（E Depois do Adeus），街上開始出現不尋常的景象，首都交通管制變得異常嚴格，平常不見蹤跡的警察也現身街頭。到了中午十二點二十分，電台繼續播放被政府列為禁歌的《黑色小鎮格蘭拉多》（*Grândola, Vila Morena*）。收到信號的軍隊，迅速包圍總理辦公室。

隔天，葡萄牙第一百零二任總理馬爾塞洛．卡丹奴（Marcelo Caetano）被放逐

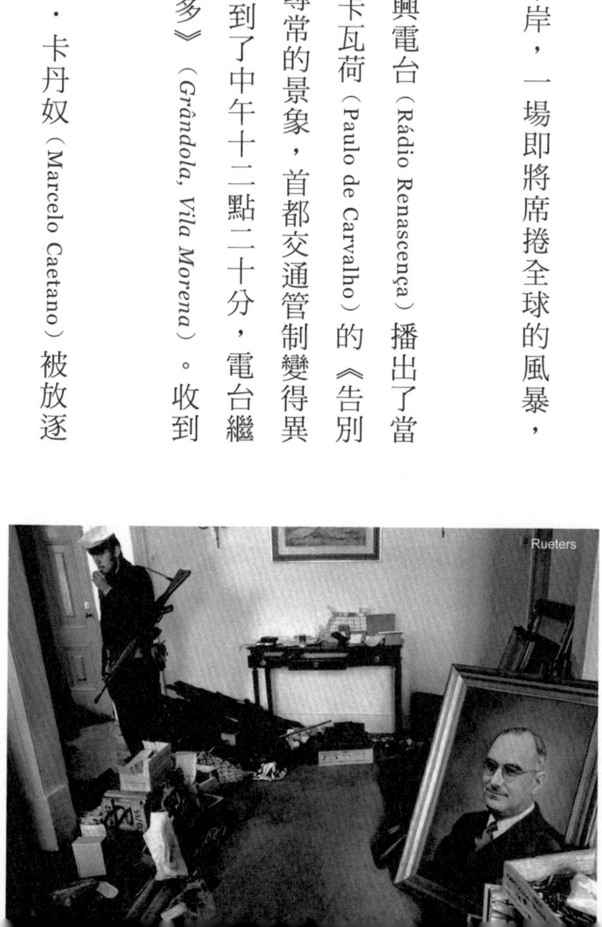

軍民共同起義，將總理卡丹奴逐出葡萄牙

到馬德拉群島（Madeira），幾天後流亡到巴西，最終客死在里約熱內盧。

這場由軍方主導的政變，參與的軍官與平民，都以手持康乃馨代替步槍，「康乃馨革命」（Carnation Revolution）之名不脛而走。接下來的數十年，國際政治版圖有了很大的變化，歷史上最悠久的殖民帝國走上最後一哩路。

我抵達澳門的這一天，正是葡屬澳門的公眾假期自由日，澳門立法會旁的四月二十五日前地，以及四月二十五日街，煞有其事高懸著葡萄牙國旗與五星旗。這是澳門回歸中國前，最後一次的葡國節日，鬧市中混雜著歡欣與不確定的奇怪氣氛。

開啟大航海時代的葡萄牙，是歷史上第一個全球殖民帝國。只不過雖然幅員廣大，國力和不列顛、西班牙、法國，甚至是荷蘭比較，都顯得鬆弛軟弱。話雖如此，從一四一五年一直到一九九九年，葡萄牙帝國卻也是歷時最久的殖民政權。

葡萄牙的海外勢力在十六世紀達到巔

康乃馨革命中，持步槍以及花朵的軍官與平民們

峰，不過後來幾次的大事件，撼動了殖民帝國的威信：一七五五年的里斯本大地震、一八二二年巴西獨立、十九世紀大英帝國的封鎖與一九六一年爆發的殖民地戰爭。七四年的康乃馨革命，為殖民戰爭劃下句點，新成立的葡萄牙政府宣布放棄海外殖民地，葡萄牙所屬的非洲殖民地分別獨立：莫三比克、安哥拉、幾內亞比索、維德角與聖多美普林西比。

一九七四年後，葡萄牙在遠東只剩下兩處殖民地：東帝汶與澳門。在東帝汶有樣學樣地宣布脫離葡萄牙後，澳門成為葡萄牙唯一，也是最後的海外殖民地，帝國在落日下殘喘苟延，行將就木。

走在亞美打利庇盧大馬路與殷皇子大馬路交攘的街頭，擴充增建後的大西洋銀行（Banco Nacional Ultramarino，葡萄牙稱之為「國家海外銀行」）就矗立在前方。文藝復興式的外牆頂著閃閃發亮的玻璃帷幕，建築形式擺盪在前衛與媚俗之間，充滿了奇異的違和感。我在大樓外轉了好幾圈，遍尋不著大西洋銀行的徽章標誌，直到警衛覺得外面這個年輕人很可疑，過來盤查詰問後，我才悻悻然地離開。

一九九六年所發行的二十澳門幣（patacas），正面是未擴建前的大西洋銀行。

不知道為什麼，這張紙鈔總讓我回想起自由日的澳門、市議會前的鴿子、葡京酒店旁俗豔至極的當鋪看板，以及到珠海買菜，往返拱北關行色匆匆的老太太們，再加上我素未謀面的大西洋銀行舊大樓，形構出澳門記憶的虛擬實境，不曾擁有的偽記憶，還有莫名奇妙的懷舊鄉愁。

「Déjà vu」（幻覺記憶），是我對澳門的流連與愛戀，唯一註腳。

位於里斯本市中心的大西洋銀行總部，外牆就掛著霸氣十足的盾徽。遠道而來的觀光客

右—1996 年澳門發行 20 圓紙鈔，可見未擴建之前的大西洋銀行；**左**—里斯本大西洋銀行總部外牆上的盾徽

ChrisHAu (CC BY-SA 3.0)

興味盎然地拍照、比手劃腳地研究盾徽每部分所代表的殖民領地，倒是往來的行人似乎不怎麼在意這帝國過往的榮耀，自顧自地向前行，像是急著將歷史遠遠地甩在腦後。

在意的大西洋銀行盾徽，後來以奇異的方式串連起我在各地的旅行：莫三比克的馬普托（Maputo）、維德角的普拉亞（Praia）、一直到印度南部的果亞（Goa），我都在意外的街頭，與大西洋銀行不期而遇；但也有其他曾經隸屬葡萄牙殖民地的所在，都在「政治正確」的指導原則下，讓大西洋銀行消失在歷史之中。

帝國瓦解後，不同的國家，各自走向不同的命運。

首先是安哥拉，貨幣發行從大西洋銀行易手為安哥拉銀行，最後轉入安哥拉國家銀行，紙鈔上的肖像也從葡萄牙總統托馬斯（Américo Tomás），詩人賈梅士（Luiz de Camões）到安哥拉解放英雄內圖（Agostinho Neto）與軍事強人多斯桑托斯（José Eduardo dos Santos），紙鈔設計從豐富到單調，印刷到選紙也愈來愈低廉，意味著國家經濟的嚴重衰退。不過就在二〇〇二年，長達二十七年，精神凌遲式的內戰結束後，紙鈔印刷品質終於有了改善，不過就設計構圖而言，依舊乏善可陳。

一九七五年取代大西洋銀行的幾內亞比索國家銀行，先把埃斯庫多（Escudos）換成比索（Pesos），九〇年代初期惡性通貨膨脹後，幾內亞比索乾脆廢除自己的法定貨幣，加入非洲金融共同體使用法郎，原來具有強烈民族個性的國家，最後也迷失在自我定位與認同之中。

航海家達伽瑪與鄭和都曾經拜訪過的莫三比克，獨立後第一時間將社會主義奉為國家最高指導原則。一九八〇年代的紙鈔設計，就有濃厚的共產傾向。共產主義後來也導致了欲振乏力的困頓，莫三比克和北韓曾經被世界經貿組織認定為世界上最貧窮的國家，人們在日常生活中回歸到以物易物的原始狀

左上—安哥拉近年紙鈔設計，隨著內戰結束，進步發展的機會終於指日可待；**左下—**幾內亞比索在發展過程中，逐漸失去自我認同，同時也反映在紙鈔設計

BANCO NACIONAL DE ANGOLA
20
AE 393724
VINTE KWANZAS
BANCO NACIONAL DE ANGOLA
1000
LA 3857548
SILO NO PORTO DO LOBITO
AMERICO TOMAS
2V39842
20
VINTE ESCUDOS
O GOVERNADOR O ADMINISTRADOR
10 DE JUNHO DE 1973
LUIZ DE CAMOES
BANCO NACIONAL DA GUINÉ-BISSAU
Z001
17440
24-9-1975
CINQUENTA PESOS
50
BANCO CENTRAL DA GUINÉ-BISSAU
50
AA207518
CINQUENTA PESOS
500
BANQUE CENTRALE
DES ETATS DE L'AFRIQUE DE L'OUEST
BCEAO
LE GOUVERNEUR
LE PRÉSIDENT DU CONSEIL DES MINISTRES
500
BANQUE CENTRALE
DES ETATS DE L'AFRIQUE DE L'OUEST
97095457612
CINQ CENTS FRANCS

況。因此，有許多人從來沒有使用過，甚至沒看過鈔票。

既是中華民國二十二個邦交國之一，也和安哥拉、莫三比克同屬於最低度開發國家（Least Developed Country，簡稱 LDC）的聖多美普林西比，靠著咖啡、甘蔗與可可出口，在大洋中緩慢地成長發展。

倒是二〇〇七年十二月從 LDCs「畢業」的維德角（Cape Verde），是非洲葡屬領地中發展最好的一個，這點也可以從紙鈔設計中，看到與安哥拉、幾內亞比索及莫三比克的對比。政治穩定的維德角，沒發生過嚴重衝突。單靠旅遊業就足以維持人民生活，紙鈔風格也愈來愈絢彩瑰麗，尤其是二〇一四年所發行的新版埃斯庫多，七彩暈染的油墨印刷，讓旅行者對維德角的碧海藍天產生無比的憧憬。

從聖胡斯塔升降機（Santa Justa Lift）的平台望去，古城的白牆紅瓦，在晴空與斜陽的輝映下，華麗中帶著落寞。**二百多年前那場末日審判般的浩劫後，里斯本就黯然地淡出歐洲文明核心，孤獨地守在大西洋畔，靜靜地等待榮光返照。**轟轟烈烈的七〇年代結束了、風風雨雨的八〇年代也過去了，葡萄牙持續在紙鈔中召喚古老的靈魂，從聖王、作家、詩人、醫生到哲學家，每一張都試著為蒙塵的歷史拂去晦澀、每一頁也都記憶著偉大的時刻。

上（二）——1980 年代莫三比克紙鈔設計，充滿濃厚的共產傾向；**中**——維德角 2014 年發行 2000 埃庫斯多；**下**——聖多美普林西比 1993 年發行 1000 多布拉（Dobras）

右—葡萄牙 1986 年發行 100 埃斯庫多，紙鈔正面為詩人佩索亞（Fernando Pessoa）；**左上**—葡萄牙 1987 年發行 5000 埃斯庫多，正面為詩人、哲學家肯塔爾（Antero de Quental）；**左下**—葡萄牙 1979 年發行 500 埃斯庫多，正面為葡萄牙國王約翰二世

BANCO DE PORTUGAL
5000
CINCO MIL ESCUDOS
ch. 2
BDQ 044209
ANTERO DE QUENTAL
5000
BANCO DE PORTUGAL
CINCO MIL ESCUDOS 5000
5000

500
Banco de Portugal
KLT 22787
Os montes claros em africa:
Castello damina
QUINHENTOS ESCUDOS
OURO
Ch 10
LISBOA, 6 DE SETEMBRO DE 1979
O GOVERNADOR
O ADMINISTRADOR
KLT 22787
D. JOÃO
500
500

500
Banco de Portugal
500
QUINHENTOS ESCUDOS
Castello damina
500

100
100
BANCO DE PORTUGAL
100
CEM ESCUDOS 100

我反而偏愛葡萄牙一九七〇年代到一九九五年之前的發行：沉潛、安靜、洗盡鉛華，在喃喃自語透露出驕傲與自怨自艾，伊比利半島的百年風采，在彈指間細數風流。

搭乘聖胡斯塔升降機來到觀景台，
葡萄牙首都里斯本老城街區盡收眼裡

草原帝國的輝煌想像

1993 年蒙古發行 5000 圖格里克紙鈔正面局部

蒙古

那可恨的韃靼人……用火把、雲梯與攻城槌，攻下一座又一座的城市。他們在聖母昇天大教堂內俘虜公主，將她與其他貴婦們砍成碎片……主教與修道士們被活活燒死在燃燒的教堂之中……有些人在大街上被弓箭射死，更多人跳進河中溺斃……韃靼人焚燬我們神聖的城市，掠奪所有的美麗與財富，將無辜生命的鮮血濺灑在聖壇上。沒有人活著，父母親無法悼殤他們的孩子，孩子也不能哀悼他們的父母，因為所有人都死了……大家共飲同一杯苦水……。

——《基輔羅斯編年史》

從額爾德尼桑特（Erdenesant）一路西行，無涯的黃土荒原，是數天來不變的主題，把風吹草低見牛羊的文學意象留在心中，放眼盡是萬里絕人煙的曠野。頂著毛帽的司機大哥告訴我：「這幾年水草不好，除了老人家還堅持住在城外，大多數的年輕人早就搬到大都市討生活了……。」

我看著車外地平線盡頭的白雪，靜默出神。我可以理解年輕人為什麼要奔向文明，那裡有歌舞昇平的享樂、燈紅酒綠的浪蕩，也有紙醉金迷的放縱，這是大草原不能給他們的刺激與享受。這彷彿沒有盡頭的荒蕪，對新世代來說，只剩下落後、無聊。聽說老一輩搬進城住集合公寓，睡不慣軟床、耐不住安靜，最後竟然在院子裡或屋內，搭起古老的毛皮帳篷。

遠方，偶爾幾頂零星點綴的蒙古包，及路旁夾雜維吾爾文與西里爾字母的破爛路牌，再一次提醒我：「這裡不是（內）蒙古，是蒙古國。」

在顛簸的黃土盡頭，突如其來的綠意撲面而來，長途旅行的疲倦在瞬間一掃而空。草原正中央，我看見額爾德尼召（Erdene Zuu Monastery）的褐牆白塔，在陽光下閃耀。眼前這片簡陋的遺址，在七百多年前，羅馬教廷的教皇特使、波斯商隊的紅頂商人、南宋臨安的議和欽差、德里蘇丹的朝貢代表，都在這裡肩摩踵接；高懸新月的清真寺、燃燒聖火的祆教神廟、金碧的僧院佛寺、輝煌的東正教會，還有許多今天早已不見蹤影的異教殿堂，懷抱不同信仰的人們都能在此找到歸屬。

在蒙古帝國的時代，它所統治的疆域超過今天任何一個國家，東從臨津江畔的高麗開京，西至第聶伯河（Dnieper River）旁的基輔羅斯，南境從美索不達

位於今日蒙古國的額爾德尼召，為蒙古帝國首都十三世紀世界第一大城哈拉和林所在地。

iStockphoto

米亞的巴格達，北疆至西伯利亞荒原，文治武功極盛之時，管領地表五分之一的陸地，以及全球四分之一的人口，十三世紀中葉，這裡是世界的首都，這裡是哈拉和林（Karakorum）。

故事回到七百年前的十三世紀，鐵木真在征伐西夏途中，在六盤山病逝，臨終前囑命他的三子窩闊台繼承大汗位。接手大蒙古國的窩闊台，加強了對邊境外邦的用兵，在最短的時間，建立起橫跨歐亞大陸的帝國，並把政治中心從曲雕阿蘭（Khodoe-aral）遷到哈拉和林，根據第一位拜訪蒙古宮廷的歐洲使節柏郎嘉賓（Giovanni da Pian del Carpine）說法：

> 無與倫比的哈拉和林，毫無疑問，是當今世界上最大的都市。

哈拉和林的雄偉，今天只剩下殘垣斷壁供後人想像。即使在《蒙古祕史》、《元史》和《新元史》中，對於哈拉和林也沒有太多著墨。還好，當時來自西方的使節、傳教士們，以他們豐富多彩的文字，為我們留下大漠古都的華麗身影。其中，以《魯不魯乞東遊記》描述最為詳盡，最讓後人印象深刻。

一二五三年五月七日，做為法王路易九世的專使，三十二歲的方濟各教士魯不魯乞，先隨著第七次東征的十字軍抵達君士坦丁堡，再由拜占庭出發，

經過九千公里的跋涉，終於在九月十六日抵達哈拉和林，不過想拜會大汗的使節實在太多了，魯不魯乞一直等到第二年的一月四日，才有機會朝見蒙哥汗。在逗留期間，魯不魯乞以極盡華麗之辭來描寫哈拉和林：

帝國首都，四周圍是一層又一層的高大城牆，城垛上的樓亭則裝飾著彩畫與錦織……大汗宮殿的黃金屋瓦，氣勢不凡地閃耀出無法目視的光彩……不同膚色、不同語言，甚至是在遠方相互敵對的宗教，都在這裡和平相處。

透過魯不魯乞的文字，很容易將街頭生動的流光溢彩，比擬成今日的紐約或東京。漠北大都所有的一切，都讓魯不魯乞癡迷。他寫巴格達的寶石商，「隨便一個皮袋倒出來的寶石，都像是夜空繁星墜入凡間……它們的彩豔勝過歐洲所有王冠的總合。」而在他筆下大馬士革的鐵匠，「花三個月的時間反覆折疊、鎚打鍛冶出鋒利無比的彎刀，在工匠自信的示範下，輕輕飄落的天鵝絨在刀鋒口分為兩半……。」

但是魯不魯乞筆下最有趣的，是蒙哥汗宮廷內的銀樹噴泉（Silver Tree）：

由於用皮囊將奶和酒運入宮殿是不合禮儀的，所以在大汗宮的入口處，來自法國巴黎的威廉大師建造了一棵巨大的銀樹，它的樹幹、枝葉和果實都是銀子與珠寶打造的。樹根有四個向外噴射出白色馬奶的銀獅子，樹幹中有四根管子一直延伸到樹頂，管子的盡頭是四條鍍金的蛇，它們的尾巴纏在樹幹上，蛇嘴裡噴出四種不同的酒：葡萄酒、米酒、馬奶酒和蜂蜜酒……。

根據魯不魯乞的觀察，這些酒和奶都是供應宮內飲宴的大汗及群臣所飲用，隨時都有捧著銀器的僕役守在銀樹旁，從銀獅和金蛇口中承接飲料。而在銀樹的頂端，矗立著一尊手持號角的黃金天使，從天使的號角有一條管線直通樹底密室，裡頭還有一位管理員，他的任務就是隨時注意飲料的水位，隨著殿上的宴會進行，觥籌交錯間，飲料數量不夠了，這個時候，管理員就朝著管線吹氣，樹頂天使的號角就會發出清亮的喇叭聲，通知殿外待命的僕役，再從酒窖和倉庫中搬運更多的飲料，倒入酒槽，確保噴泉維持充裕豐沛。

後人依照魯不魯乞的記載，用各種圖案召喚大漠草原上的奇觀異想。一九九三年後的圖格里克（Tögrög）紙鈔發行，大蒙古國的鎏金往事，一一重現。

在五百與一千圖格里克上，是《蒙古祕史》也記載過的豪華陣式；三十匹以上的牛，拉著無比華貴、沉重的黃金轝車，原來是窩闊台御用的移動宮殿，後來在貴由與忽必烈爭奪汗位之後，黃金轝車就消失在文獻紀錄中。而五千和一萬圖格里克紙鈔的背面，就是大汗宮前的銀樹噴泉。

上—1993 年蒙古發行 50 圖格里克紙鈔，背面描繪杭愛山下安詳的草原風光；**中**—1000 圖格里克，背面為窩闊台的御用移動宮殿；**下、左**—5000 以及 10000 圖格里克，則以 18 世紀西方人畫中傳說的銀樹噴泉做為主題

10000
МОНГОЛ УЛС
МОНГОЛБАНК
10000
10000
ТӨГРӨГ
2002

極盡奢華的銀樹噴泉，結合東方華麗與西方巧思，富有游牧民族好客豪邁的民族特色。當然，我們知道紙鈔上這張圖，並不是現場實錄，而是十八世紀的荷蘭人，根據魯不魯乞的文字所繪製，想像成分大於紀錄寫實。這本影響深遠的遠東紀行，尤其是**關於「銀樹噴泉」的描述，激發了歐洲對東方富裕華麗的無限想像，魯不魯乞的遊記比起馬可・波羅還早上半個世紀。**

站在後來重建的銀樹噴泉前，和烏蘭巴托巨大無比的成吉思汗騎馬像相較，無論是色彩或是造型，都顯得狼狽不堪，昔日的豪邁颯爽變成了窩囊小氣。

看來，有些人事物，還是留在過去，最美。

「銀樹噴泉」現今樣貌

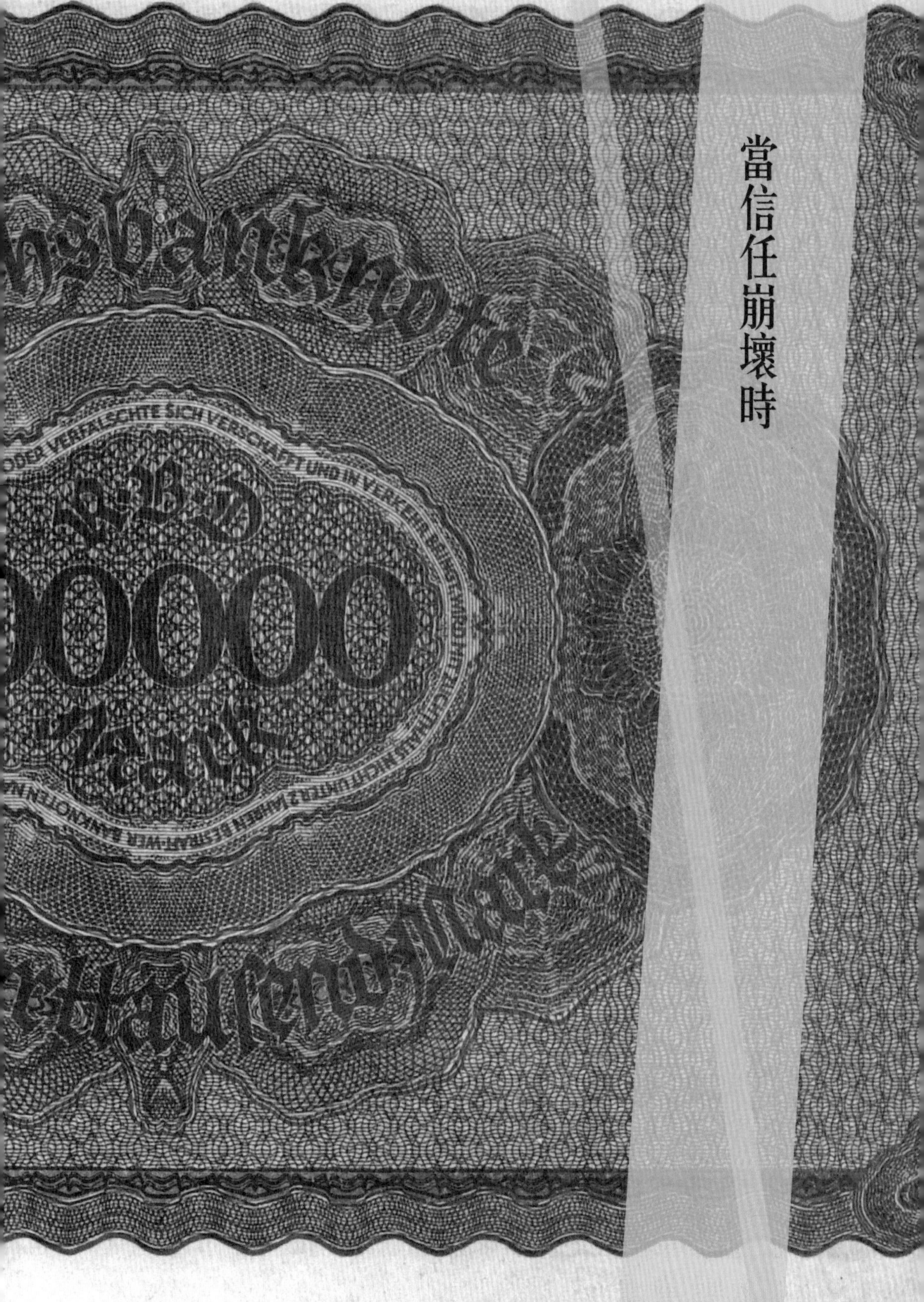

當信任崩壞時

1922 年 1 月德國發行 10000 馬克背面局部

德國

你相信有精靈嗎？快說你相信。如果你相信，就拍拍手！

——《彼得潘：不會長大的男孩》

「買一枚雞蛋所花的錢相當於前幾年一輛豪華轎車的價格。後來的價格又漲得更離譜，聽說在德國那邊，一枚雞蛋的售價要四十億馬克，幾乎同等於之前大柏林地區所有房地產的價格總額。」奧地利著名作家史蒂芬・茨威格（Stefan Zweig, 1881-1942）在《昨日的世界》自傳中生動描述了一戰之後德國、奧地利兩國的生活困境，領固定薪資的工作階級深受其害，一覺醒來，皮夾裡的鈔票變得比壁紙還不如，今日我們所知根據通貨膨脹指數調整工資的作法，一直到第二次世界大戰結束後才被發明出來。

「今天，我很驚訝地發現，一份火腿三明治竟然要價二萬四千馬克……昨天在同一家店裡，同樣稀薄消瘦的三明治卻只有一萬四千馬克。」《每日郵報》

三天二頭就刊載德奧居民的不堪，沒有憐憫、不帶感情，彷彿發生在阿爾卑斯山南北兩側日耳爾曼人身上的生活現實，是另一個星球的故事，和我們沒有任何的關聯。

戰爭落幕，苦難才真正開始，貨幣制度的瓦解，對未來歷史的走向帶來難以想像的衝擊。

回顧人類歷史，妳會發現，有些事，是依靠全然投入，毫無保留的信任，畢竟要說服別人相信一件看不見，摸不著，又強烈希望對方「完全」認同的事，本身就是信心指數的垂直跳躍，顛覆性的革命。

貨幣制度和愛情一樣，是奠基在「完全信任」的心理基礎上。紙鈔和結婚證書，都只是一張薄紙，本身並不具有實質上的價值，它們的價值維繫在一種堅定、含蓄，不容置疑的價值認同——相信對方有能力兌付我們財富，或是幸福。**當信任不存在，紙鈔與愛情，都注定要走上分崩離析的命運之路。**

時間回溯到北宋真宗年間，在成都民間，由一群擁有良好信譽的富商，憑藉自己的存銀，出資印造一種兌換紙券來代替銅錢，而且只在巴蜀一帶流通，《宋會要》稱這種地方性鈔券為「交子」，發行單位稱為「交子鋪」（類似今天

左——中國北宋時期在巴蜀一代流通的「交子」，是紙鈔發展的雛形

的發鈔銀行），紙鈔的原雛剛剛成形。

交子發明之初，比較像人和人之間可以互相轉讓交換的存款憑證，也就是說一定要有貴金屬存貨，才能發行同等價值的兌換券，這和現代紙幣的意義截然不同。後來有些商業頭腦精明的交子鋪經營者意識到，如果挪用存戶的現金放貸，當借款客戶回繳本金利息時就可小賺一筆，不僅增加營業收益，還可以帶動經濟投資，用現代經濟學高深的術語，稱為「貨幣創造」。

銀行拿存戶的錢放款借貸，賺利息錢，創造貨幣流通的價值。但前題是，銀行要有能力支付每一張來兌現的銀行券。這個基本能力，金融界稱為「存款準備金」。

不過重點來了，如果交子鋪（發鈔銀行）印刷的紙鈔數量、面值大於存款準備金，萬一有個意外，爆發恐慌性擠兌，銀行勢必要面臨嚴重的考驗。

當第一張紙鈔被發明出來，第一次金融危機也隨即發生，超印的交子遇上擠兌恐慌，一大批交子鋪因此關門大吉。《資治通鑑》稱這次事件為「爭鬧」，平均每張交子的持有人，只能兌換到原來面額的百分之七十，也就是說，一千元的面額只剩下七百元的價值。

如果你覺得交子鋪不可靠穩健，那回頭看看現代世界高槓桿的銀行運作，幾乎大部分銀行的存款準備金比率都在百分之十左右，以歐元區為例，銀行存款準備金比率設定百分之二，美國是百分之十，中國大陸平均在百分之二十。

台灣的銀行最高存款準備金比率則設定在百分之二十五，意思是，如果發生擠兌，任何一間銀行只能支付百分之二十五的存款。相較之下，交子鋪的百分之七十，其實算是實力雄厚，誠意十足了。

「爭鬧」後續，成都的富商們合議，由市面上財力最雄厚的十六家商號出面整頓市場——這和J．P．摩根（John Pierpont Morgan, 1837-1913）一九〇七年出面干預華爾街股市崩盤有異曲同工之妙。以後，只有這十六家商號能發行交子，交子正式統一，每個持有人可以任意至這十六家交子鋪兌換現金。

至此，人類史上第一批具有完整意義及實質功能的銀行券誕生，這是歷史上最古老的紙鈔。

時間再回到一戰後的歐洲，巴黎和會（Paris Peace Conference, 1919）代表各國要求德國賠償二千六百九十億金馬克（折合二〇一五年新台幣一兆八千二百八十億元），這個不切實際的數字嚇壞了德國民眾。經過幾次衝突、調解、協調之後，將協約國

左──1920年代發行巨額德國馬克，仔細看才能看出幣額，單位都是以「百萬」或是「十億」計算。

F·7963695
Reichsbanknote
Zehntausend Mark
zahlt die Reichsbankhauptkasse in Berlin
gegen diese Banknote dem Einlieferer
Berlin, den 19. Januar 1922
10000
F·7963695
200 REICHSBANKNOTE 200
Zweihundert Milliarden Mark
zahlt die Reichsbankhauptkasse in Berlin
gegen diese Banknote dem Einlieferer
NN-7
Berlin, den 15. Oktober 1923
115800
REICHSBANKDIREKTORIUM
B·11143165
K 5
Reichsbanknote
200000 Mark
zahlt die Reichsbankhauptkasse in Berlin gegen diese
Banknote dem Einlieferer Vom 1. September 1923 ab kann
diese Banknote aufgerufen und unter Umtausch gegen
andere gesetzliche Zahlungsmittel eingezogen werden
Berlin, den 9. August 1923
Reichsbankdirektorium
Hunderttausend
Mark
zahlt die Reichsbankhaupt-
kasse in Berlin gegen diese
Banknote dem Einlieferer
Berlin, den 1. Februar 1923
Reichsbankdirektorium
100000
100
REICHSBANKNOTE
HUNDERT
BILLIONEN MARK
100
REICHSBANKNOTE
E·00658951
Eine Billion Mark
zahlt die Reichsbankhauptkasse in Berlin gegen diese Bank-
note dem Einlieferer. Vom 1. Februar 1924 ab kann diese
Banknote aufgerufen und unter Umtausch gegen andere
gesetzliche Zahlungsmittel eingezogen werden
Berlin, den 1. November 1923
REICHSBANKDIREKTORIUM
1000
MILLIARDEN
REICHSBANKNOTE
ZWANZIG
BILLIONEN
MARK
ZAHLT DIE REICHSBANKHAUPT-
KASSE IN BERLIN GEGEN DIESE
BANKNOTE DEM EINLIEFERER
BERLIN, DEN 5. FEBRUAR 1924
REICHSBANKDIREKTORIUM
20
C·1763462
500
MILLIARDEN
MARK
Reichsbanknote
Fünftausend Mark
500
MILLIARDEN
Berlin, den 15. März 1923
Reichsbankdirektorium
15a·149510

約國將總賠償金額下修至一千三百二十億金馬克，天文數字的戰爭賠償，種下了濫發紙鈔、通貨膨脹的惡因。

宋史上的「爭鬧」，寥寥幾筆就輕輕帶過，想必不是什麼大不了的事。但是一九二〇年代發生在德奧地區的惡性通貨膨脹，卻是不折不扣的人間悲劇，以慕尼黑為例，物價每四十八小時上翻一倍，政府為了追上物價成長，大量印製高面額的紙鈔發行應付通膨。這種永世輪迴的惡性通膨，在一九二三年至一九二四年來到高峰。在一九二二年，紙鈔最高面額是五萬馬克，到了一九二三年初，紙鈔最高面額竟高達一百兆馬克。當時八百億馬克，只與一美元相等，來到年底，要花四百二十億德國馬克才能兌換一美分！

一九一九年一馬克的東西，最後，一九二三年要花七千二百六十億馬克才能買到。

人類文明，首次見識了惡性通貨膨脹摧枯拉朽的威力。

從一九一三年到一九一八年，第一次世界大戰期間，德國貨幣發行量增加了八・五倍，德國馬克相對於美元僅貶值了百分之五十。一九二一年開始，德國中央銀行的貨幣發放量呈火山噴發的態勢：一九二一年比一九一八年增

左—因惡性通貨膨脹，許多地方開始發行僅在當地流通，材質、構圖、面額均不一的「緊急貨幣」

PFENNIG
100
PFENNIG
mein letzes an
Wort.
№4
Bild 6
GEBRÜDER JÄNECKE, DRUCK- UND VERLAGSHAUS, HANNOVER

Notgeld der
Stadt Cüstrin
Fünfzig
Pfennig
50
50
Fluss
Oder
1000
DER GEMEINDE
Strasburg-Uckermark 1921
Der Magistrat
VERFALLTAG 31. DEZ. 1921
MARK

Büßend u. betend u. sehnsuchtskrank,
bis ich zu Tode niedersank.
mein letzes an
Wort.
GUTSCHEIN
PFENNIG
100

加五倍，一九二二年比一九二一年增加十倍，一九二三年則比一九二二年增加七千二百三十五萬倍。從一九二三年八月起，物價逼近天文數字，一片土司或一張郵票的價格高達一千億馬克。德國工人每日工資必須支付兩次，而且拿到錢後，一定要在五十分鐘內花掉，否則馬上就變成毫無用途的廢紙。

因應惡性通膨所帶來的打擊與困擾，德國許多地方自發性的商議，發行只在當地流通的金融兌換券，這些樣式、材質、構圖、面額不一的貨幣，稱之為「緊急貨幣」（Notgeld），在民眾對政府信任崩盤的情況之下，緊急貨幣是唯一的信靠。

今天回頭看看這些數量龐雜、色彩俗艷、畫風粗糙、風格紊亂、印刷拙劣的緊急貨幣，你也可以感受到紙鈔外生活的窘迫無奈，有些緊急貨幣上會寫些地方歇後語、笑話輕鬆一下，緩解入不敷出的苦悶。

外國銀行的貪婪、德國銀行家的無知無良，共同血洗百業待興的資本社會，大量中產階級一夜之間淪為赤貧，奠下了日後納粹上臺的群眾基礎，並再度挑起亞利安人對猶太銀行家的仇恨。比起一八七〇年普法戰爭，戰敗國法國的境遇，德國人民所遭受的苦難深刻許多，在無法消解的仇憤與激慨鼓動下，發生更為慘烈的第二次世界大戰，所有誘因在惡性通貨膨脹中無聲降臨，一次到位。

在時代流轉間思考愛的二三元論

1983 義大利發行 2000 里拉紙鈔背面局部

義大利

這是一座特別又難纏的城市，從這一端到那一頭，簡直比字謎還有趣……。

——海明威《渡河入林》（*Across the River and into the Trees*）

從空中鳥瞰，貫穿城市的大運河（Canal Grande），就像是流動的問號一樣，蜿蜒在荏苒寒暑中，盤桓於雕欄華庭之間，為這座對於死亡、恐怖、孤立、異形與超現實充滿畸戀與糾纏的海上都市，預鑄一個迷離撲朔的今世前生。

從中世紀開始，大海就為這座城市帶來無以估量的財富。世故、實際、殘酷，卻也愛慕虛榮的性格，賦予了她無度揮霍的真摯與浪漫。最華麗的排場、最淫靡的荒宴、最眩目的煙火、最隆重的祭典，都曾經留下最深刻，也最豐富的想像與回憶。

威尼斯，搖曳在亞得里亞海上的璀璨寶石，透過創作與想像，在時間的光影中折射出奇特輝芒。

在每個人的眼底心中，都有座獨一無二的威尼斯，每個人都嘗試以自己的方式，重新詮釋。或許，我對威尼斯太過熟悉，真實的水巷街弄、雕欄畫棟，反而引不起我的興趣，我在乎的，是另一個看不見、摸不著，只存在於時光流轉中的威尼斯。

「……它沒有名字，也沒有地點，我要重說一次我向您描述她的原因……。」義大利文學家卡爾維諾（Italo Calvino, 1923-1985）曾經以她做為主題，解構威尼斯的種種元素，進一步編織成堂皇富麗的錦緞，道盡城市與人生的迷魅。「我們必須從可以想像的城市之列，剔除那些其中的元素沒有一條連結的線、沒有內在法則、沒有觀點、沒有論述來加以組合的城市……城市，就像夢一樣：一切都可以想像，一切皆可入夢，但即使是最預料不到，最遙不可及，也隱匿著欲望，或相反地，自己成了隱藏著恐懼的謎……同時我們也相信，城市是心靈與機緣的產物……城市，就是由夢、謎語、欲望與恐懼所組成。」在小說《看不見的城市》（*Le Città Invisibili*）中，卡爾維諾虛擬了蒙古皇帝忽必烈與威尼斯青年馬可．波羅（Marco Polo, 1254-1324）之間，不曾發生的對話，撇開文學家對馬可．波羅的虛構不談，歷史學者對於馬可．波羅在東方的見聞是否屬實，甚至他本人存在與否的問題，也抱著高度懷疑。

倒是義大利人，對於馬可．波羅的事蹟給予肯定，一九八二年六月一日所發行的一千里拉（Lira），就以混合著拜占庭、伊斯蘭、國際哥德式風格的建築——「威尼斯總督府」為背景，另一面則以收藏在羅馬市中心多利亞潘菲

左——1982 年義大利發行 1000 里拉，以馬可．波羅肖像以及威尼斯總督府為主視覺

LIRE MILLE
PAGABILI A VISTA AL PORTATORE
1000
IL GOVERNATORE
IL CASSIERE
BANCA D'ITALIA
MARCO POLO
1000
I FABBRICATORI E GLI SPACCIATORI DI BIGLIETTI FALSI
4795 L

利美術館（Galleria Doria Pamphilj）的馬可．波羅肖像為主題。簡單的圖樣設計，帶出了全世界對威尼斯最熟悉的印象。這位曾經飄泊於汪洋與大漠中的旅行者，大概沒想過，自己有一天會成為紙鈔上的主角。

不僅僅是馬可．波羅，讓人出乎意料的，是一九七五年所發行兩萬里拉故事主角，是同樣來自威尼斯的文藝復興繪畫大師提香（Tiziano Vecellio, 1490-1576）與他的作品，單就選材而言，就相當耐人尋味。

這幅現藏於羅馬博爾蓋塞美術館（Galleria Borghese）、被稱之為《神聖之愛與世俗之愛》（*Amor sacro e Amor profano*, 1515）的繪畫作品，名稱是在提香逝世一百多年才被後人所標示上去，畫家創作靈感，來自於文藝復興時期的奇書《尋愛綺夢》（*Hypnerotomachia Poliphili*）。這是一本偽裝成言情小說的百科全書，內容十分晦澀難懂，辭藻卻無比華麗，

左——1975 年義大利發行 20000 里拉，紙鈔正面以提香自畫像做為主題

BANCA D'ITALIA
20000
LIRE
VENTIMILA
PAGABILI A VISTA AL PORTATORE
BA 474574 F
BA 474574 F

1975 年發行 20000 里拉，紙鈔背面為提香作品《神聖之愛與世俗之愛》，畫家在嚴謹構圖中詩意地展現「人」對於「愛」入勝的激情

用最冗長的篇幅來討論：神聖謙恭的宗教之愛，與感官逸樂的世俗耽溺，究竟何者為貴？何者為重？

提香在閱讀過《尋愛綺夢》後，認真地思索了宗教之愛與世俗之愛的分野，雖然兩者之間有明顯的道德對照，但今天我們看《神聖之愛與世俗之愛》時，對於畫作中究竟誰代表世俗，誰代表神聖，依然眾說紛云。顯然，提香將這令人傷神的抽象問題，丟回來給看畫的我們。

仔細思考，我們會發現提香會對「愛的二元論」有興趣是合情合理的。打從葡萄牙與西班牙積極尋找通往東方的新航路，及土耳其人的崛起，威尼斯就注定開始走向衰敗的命運，不過不服輸又充滿創造力的威尼斯人，在理解世界局勢後，很快地改變城市風格與國家定位，威尼斯共和國迅速地從海商強權轉型成文創大國，用我們比較熟悉的語言——威尼斯改走綜藝娛樂路線，成為地中海的拉斯維加斯。

也由於這種幾近歇斯底里的改頭換面，酒精、性愛、金錢遊戲，極盡可能的感官享受，世俗化的聲色犬馬立即攻占大街小巷，原來自詡為「海上耶路撒冷」的威尼斯，墮落為萬惡的「索多瑪」。面對城市與人心的轉變，提香透過《神聖之愛與世俗之愛》，思考在道德想像與功利現實之間，我們應該要做怎樣的抉擇。

在優雅如詩的風景舞台中，兩位女性分別置於畫面兩端。左上後方崎嶇山徑上座落著巍峨城堡，右上角水秀山明的遠景有莊嚴教堂，劇場式的背景本身就有強烈對比。畫作中左方一位身著華服，倚身靠著象徵財富的黑色銅甕，右手握著象徵永恆之愛的玫瑰，在新柏拉圖主義者的眼中，她代表著城市生活的驕奢浮誇。另一位性感裸女斜披著紅羅，傾身面向畫面中央，左手則將意味著奉獻的銅缽高高舉起，如同神聖與世俗互為對照。再仔細看，你會發現圖正中央石棺上的浮雕，隱喻著殺戮鬥爭，為田園牧歌式的寧謐，夾帶些許野蠻的氣息。

在《尋愛綺夢》中，愛情總是和著歡笑與淚水，針鋒與和諧、生命與死亡。石棺上的銅盤旁，散落著玫瑰花瓣，後面可愛的丘比特正伸手在石棺池裡戲水，畫中元素彼此衝突，充滿矛盾與神祕感，宛若一場夢境。在文藝復興和諧完美的藝術理想裡，在提香筆下濃豔的暖色調及嚴謹構圖中，詩意地展現「人」對於「愛」入勝的激情。這是文藝復興理想的至高呈示，也是巴洛克美學的華麗前奏。

《神聖之愛與世俗之愛》不僅是威尼斯人的掙扎，也剛好是現代文明的宿題，在理想與現實、保守與開放、天上與人間……所有二元對立的想法，是不是也有交融、平衡的可能？

或許，里拉上的提香，透過他抒情溫暖的筆觸，隨時隨地都提供我們這種「君子慎獨」的清晰思維。

東方明珠的今世前生

2003 年香港渣打銀發行 20 港圓紙鈔背面局部

香港

生機盎然的街道，像義大利里維耶拉（Riviera）旁的熱那亞（Genova）。

——伊莎貝拉．博德

西元一八七九年，一位年約半百的女性從英格蘭遠渡重洋，經過數月飄洋過海，終於抵達亞洲。她起先對初抵這座地瘠山多，水源匱乏的港口充滿批評：「到處都是可怕的氣味，所有的危險都攤在朗朗乾坤之下……。」但後來她也見識到此處的盎然生機。她是伊莎貝拉．博德（Isabella Bird），是英國皇家地理協會第一位女性會員。其他會員還有生物學家達爾文、發現維多利亞瀑布與馬拉威湖的李文斯頓（David Livingstone）、引領英軍入侵西藏的楊赫斯本（Francis Younghusband）與能說二十九種語言的傳奇探險家伯頓（Richard Francis Burton）。

博德後來又遊歷了風雨飄搖的大清帝國、明治維新的日本，走入封建末日的李氏朝鮮，不過再也沒回到這座像熱那亞的海灣城市。

1895 年的香港樣貌

十年後，另一位以《叢林奇譚》（The Jungle Book）名利雙收的年輕作家吉卜林（Rudyard Kipling），卻覺得這裡讓他想起家鄉——印度加爾各答（Calcutta）。這座融合了地中海風格及殖民主義的新興港口，當一八四三年六月二十六日正式歸屬英國時，首任殖民地行政首長砵甸乍爵士（Sir Henry Pottinger），宣布此地將成為西太平洋「商業與財富的中心」。

這裡是香港，大英帝國在遠東最閃耀動人的明珠。

由於香港獨特的歷史背景，成就了她非凡的金融地位，卻也產生了一些奇特的文化現象。其中之一，就是香港獨特的發鈔歷史。

香港最初流通的紙鈔，是由一八四五年成立的「東藩匯理銀行」所發行。直到一九三五年港府通過貨幣條例之前，很多銀行都可以發行紙鈔，但主要功能為商業上的交易，港府只接受部分特許銀行的紙鈔為合法通貨。一九三五年後，英國政府授權「香港上海匯豐銀行」、「有利銀行」（其後被匯豐併購）及「印度新金山中國渣打銀行」（一九五六年易名為香港渣打銀行）發行伍圓以上的港圓（一九九三年後改稱「港元」）紙鈔。而面額壹圓及以下的港圓紙鈔則由香港政府發行（政府曾經短暫印行壹仙、伍仙和壹毫鈔票，以補充市面輔幣之不足）。

第二次世界大戰後，國際情勢丕變，大英帝國衰退殞落，從紙鈔的構圖設

左——香港政府發行的壹圓（1952年版，肖像為英王喬治六氏）、壹毫、伍仙、壹仙紙鈔

GOVERNMENT OF HONGKONG
香港政府
THESE NOTES ARE LEGAL TENDER FOR THE PAYMENT OF ANY AMOUNT NOT EXCEEDING TWO DOLLARS
FOR THE GOVERNMENT OF HONGKONG.
FINANCIAL SECRETARY
伍仙
5 CENTS
7305240

GOVERNMEN
香港政府 M/5 303794
THESE NOTES ARE LEGAL TENDER FOR THE PAYMENT OF ANY AMOUNT
ONE DOLLAR
壹圓
HONGKONG 1ST JANUARY 1952
FOR THE GOVERNMENT OF HONGKONG
M/5 303794
Arthur Clarke
FINANCIAL SECRETARY

GOVERNMENT OF HONGKONG
香港政府
THESE NOTES ARE LEGAL TENDER FOR THE PAYMENT OF ANY AMOUNT NOT EXCEEDING ONE DOLLAR.
1 CENT
壹仙
FOR THE GOVERNMENT OF HONGKONG.
A 8209368
FINANCIAL SECRETARY.

GOVERNMENT OF HONGKONG
香港政府
壹毫
10 CENTS
THESE NOTES ARE LEGAL TENDER FOR THE PAYMENT OF ANY AMOUNT NOT EXCEEDING TWO DOLLARS
FOR THE GOVERNMENT OF HONGKONG
FINANCIAL SECRETARY
A6442042
10c

計也可以窺知一二。

一九六〇年香港政府停止發行壹圓鈔票，以硬幣代替。英國皇室的肖像從此消失在日常生活的通貨之中。一九八一年香港被取消直轄殖民地法定地位，「升等」為英國海外屬地。大英帝國的落日，在東方閃動餘暉。

當然，英國政府不願歸還香港主權，但中國也想抹去喪權辱國的最後一道印記。在幾番政治、外交角力之後，大不列顛與中華人民共和國達成新協議，發表聯合聲明，於一九九七年將香港主權移交中國。

一九八五年，取消鈔票上「or the equivalent in the currency of the colony value received」（意思是「或等

右—「阿群帶路圖」曾是殖民時期的香港盾徽；**左—**1977 年由香港上海匯豐銀行發行的壹佰圓紙鈔，還保留「阿群帶路圖」以及「或等值之殖民地通貨」字樣

值之殖民地通貨」）的字句。有鑑於政府於一九九三年一月制定，所有港元硬幣和紙鈔都需要配合香港主權移交而改版，一九九四年開始，匯豐和渣打更改鈔票式樣，取消了帶有殖民地色彩的設計。最主要是取消有「阿群帶路圖」的香港殖民地盾徽。根據傳說，英國軍隊最初登陸香港島赤柱時，得到居民陳群引路至香港島北部的故事。不過一九六〇年代的考古研究，證明這個故事是以訛傳訛的鄉野怪譚。

一九九四年，中國銀行香港分行成為香港其中一間發鈔銀行。從此，在市場上流通的港元紙鈔，一共有三種版本：渣打、匯豐、中銀。

二〇〇七年七月八日，香港金融管

1988 年由香港上海匯豐銀行發行的拾圓紙鈔，只剩下「阿群帶路圖」

右下──2009 年渣打銀行發行壹百伍拾圓紀念紙鈔，面額為世界首創；**中、左**──2003 年渣打銀行發行紙鈔，背面忠實記錄了香港自 1850 年至 2003 年來的歷史變遷

Bank 香港渣打銀行
andard Chartered Bank 香港渣打銀行
andard Chart
1000
500

香港渣打銀行
Standard AD334202
Chartered Bank
港幣壹仟圓
One Thousand
1000
500
香港渣打銀行
Standard AB176894
Chartered Bank
港幣伍佰圓
Five Hundred
100
香港渣打銀行
Standard BA937262
Chartered Bank
港幣壹佰圓
One Hundred
50
香港渣打銀行
Standard AH875330
Chartered Bank
ESTABLISHED IN HONG KONG 1859
PROMISES TO PAY THE BEARER ON DEMAND
AT ITS OFFICE IN HONG KONG
港幣伍拾圓
Fifty
HONG KONG DOLLARS
BY ORDER OF THE COURT OF DIRECTORS
CHIEF FINANCIAL OFFICER
DIRECTOR
20
香港渣打銀行
Standard CB523492
Chartered Bank
ESTABLISHED IN HONG KONG 1859
PROMISES TO PAY THE BEARER ON DEMAND
AT ITS OFFICE IN HONG KONG
港幣貳拾圓
Twenty
HONG KONG DOLLARS
承董事會命 香港二零零三年七月一日
BY ORDER OF THE COURT OF DIRECTORS
財務總監
董事
CHIEF FINANCIAL OFFICER
DIRECTOR
HONG KONG 1 JULY 2003

理局發行拾元塑膠鈔票，是香港首次發行塑膠鈔票。雖然它曾經被票選為全球最美的鈔票之一，但卻不得我心。

二〇〇九年，渣打銀行為了紀念香港分行成立一百五十週年，特別發行面值壹百伍拾圓的紀念紙鈔，亦是全世界第一張面額一百伍拾圓的鈔票。同時，也是第一批可以讓香港市民自訂編號的鈔票。

爬梳陳年過往，我個人特別偏愛二〇〇三年由渣打銀行所發行的風景系列。太平天國起義後，華商避禍的花崗岩島、吉卜林眼中紛擾雜沓的港埠、珍·莫里斯（Jan Morris）筆下時運不濟的濱海孤城、一九七〇年經濟起飛的金融奇蹟，以及回歸中國後的特別行政區，**一百五十年來的滄桑與風華，都凝縮在方寸之間，停下腳步留心片刻，須臾彈指，我們彷彿走過香江的今世前生。**

想望平穩、安定的土地眷戀

1975 年哥斯大黎加發行 5 科朗正面局部

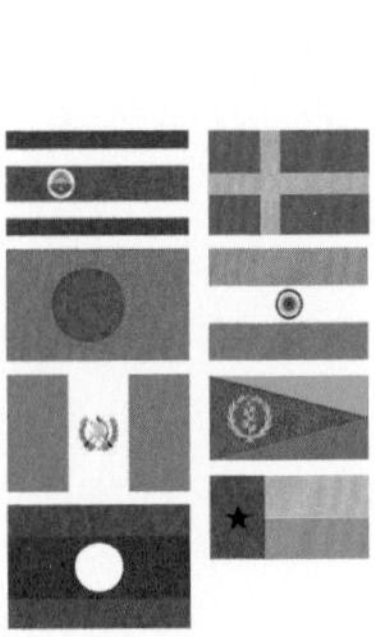

哥斯大黎加．孟加拉．瓜地馬拉．幾內亞比索．馬達加斯加．厄利垂亞．瑞典．印度．寮國

地必為你的緣故受咒詛。你必終身勞苦，才能從地裡得吃的。地必給你長出荊棘和蒺藜來，你也要吃田間的菜蔬。

——《舊約聖經．創世紀》

位於哥斯大黎加首都聖荷西的國家劇院（Teatro Nacional de Costa Rica），是市區內少見的西班牙式殖民風格建築，充滿新古典主義的立面設計，雖然有點乏味單薄，但仍然是哥斯大黎加引以為傲的歷史地標。

當一八九七年劇院完工時，它只是富人夜夜笙歌的俱樂部，大部分市民只能從外面欣賞歌劇院的雄偉華麗。這群靠咖啡及香蕉貿易致富的新貴階級，從歐洲重金聘請建築師及畫家妝點他們的虛榮，其中畫家維拉（Aleardo

位於哥斯大黎加首都聖荷西的國家劇院

Villa）在歌劇院迎賓大廳，繪下一幅名為《咖啡與香蕉的寓言》（*Allegory of Coffee and Bananas*）的天井畫。

在畫面中人們開心地笑著，捧著一籃又一籃的水果、馱著一包又一包的咖啡豆，走向畫面後方的貿易船。幾星期後，這些船會停泊在舊金山、紐約或是鹿特丹，捎來異國的芬芳，同時也為新世界賺進大把大把鈔票。畫中樂觀昂揚的氛圍，直到今天仍讓人感受到十九世紀末布爾喬亞式的浪漫天真。

一九七五年，哥斯大黎加中央銀行特別發行的五科朗（Colón）紀念鈔上，就以《咖啡與香蕉的寓言》為設計主題，透過對「農業」的理解，貫穿歷史與現代。

哥斯大黎加，仍要以開朗進取的心態繼

維拉天井畫作品《咖啡與香蕉的寓言》

續向前。

英文「農業」（Agriculture），源自於拉丁字根Agricultūra，意思是「土地」（Agri）的「培養」（Cultūra）。**遠古時期的人們，在漫長的飄泊中，想望著平穩與安定，於是，停下腳步，馴化動、植物，眷戀土地，農業就此展開。**

新石器時代的農業發明，形塑人類的生活與文明，並深遠地影響環境與歷史，即使到了二十一世紀的今天，農業技術改革仍在持續當中。

根據考古證據顯示，早在西元前一萬二千五百年的埃及，以及西元前一萬年的東南亞，人類就開始嘗試種植及收穫作物，不過直到西元前七千年左右，中東地區的「肥沃月彎」（Fertile Crescent）才出現大量

1975年發行的哥斯大黎加5科朗，背面以維拉的天井畫為設計主題

的農業都市，主要作物是小麥、大麥與豆類。在地球另一端，田園有不同的發展，西元前五千至三千年前的新大陸，作物以玉米、豆類及南瓜屬植物為主。

早期農業耕作僅使用簡單的鋤頭與挖掘棒，即使使用馱獸，也沒有太複雜的輔具。

以稻米為主食的孟加拉共和國，被旅遊網站「TripAdvisor」調查指出，是全世界最喜歡吃米飯的國家，平均每人每天食用量為四七三公克，台灣是一三二公克（排名第四十二位），相當於一碗小份的滷肉飯。從孟加拉二〇一四年所發行的五十塔卡（Taka），可發現即使是食用米飯大國，耕作技術仍相當原始，水牛拉著秧田平土用的「平板」，辛勤地在水田中工作。

在非洲，人們也食用米飯，農具製作與耕作技術大同小異，不過在亞洲常見的水牛，在非洲只存在於尼羅河三角洲，其他不同的地區，則使用不同的動物來協助勞動。在東非及馬達加斯加，農民訓練瘤牛（Zebu）犁田，瘤牛最大的特徵是背部有明顯的隆起組織。除了耕作之外，瘤牛也是日常生活的好幫手，從拉車、泌乳，乃至食用，絲毫都不浪費。

撒哈拉沙漠及紅海沿岸，農民有時也會馴化駱駝協助屯墾，厄利垂亞就是最好的例子。

1—2014 年孟加拉發行 50 塔卡，描繪原始耕作技術；**2**—1975 年幾內亞比索發行 5000 披索，以早期農耕為設計主題；**3**—1997 年厄利垂亞發行 20 納克法（Nakfa），可見駱駝被用於協助屯墾；**4**—1994 年馬達加斯加發行 500 法郎，可見瘤牛犁田畫面；**5**—1991 年西非發行 500 法郎；**6**—1989 年瑞典發行 1000 克朗，在北歐國家看見收穫時刻；**7**—2002 年印度發行 5 盧比；**8**—2006 年瓜地馬拉發行 50 格查爾（Quetzales），記錄咖啡採收景況；**9**—1968 年寮國發行 500 基普（kip）普，畫面可見背槍務農的農婦

BANGLADESH BANK
বাংলাদেশ ব্যাংক

2

5000
BANCO NACIONAL DA GUINÉ-BISSAU
5000
A LEI PUNE O CONTRAFACTOR
5000
CINCO MIL PESOS
5000

BANK OF ERITREA
TWENTY NAKFA

4

500
FRANCS
BANKY FOIBEN'I MADAGASIKARA
500
LE GOUVERNEUR
ARIARY ZATO

BANQUE CENTRALE
DES ETATS DE L'AFRIQUE DE L'OUEST
50

TUSEN KRONOR
1000

7

भारतीय रिज़र्व बैंक
5
5
2008
5 पाँच रुपये
FIVE RUPEES

BANCO DE GUATEMALA
CINCUENTA QUETZALES

9

ປະເທດລາວ
CN 104776
CN 104776

50
BANQUE DE FRANCE
50
L'ART. 139 DU CODE PENAL PUNIT DES TRAVAUX FORCES CEUX QUI AURONT CONTREFAIT OU FALSIFIE LES BILLETS DE BANQUES AUTORISEES PAR LA LOI, AINSI QUE CEUX QUI AURONT FAIT USAGE DE CES BILLETS CONTREFAITS OU FALSIFIES
100
BANQUE DE FRANCE
100
L'ART. 139 DU CODE PENAL PUNIT DES TRAVAUX FORCES CEUX QUI AURONT CONTREFAIT OU FALSIFIE LES BILLETS DE BANQUES AUTORISEES PAR LA LOI, AINSI QUE CEUX QUI AURONT FAIT USAGE DE CES BILLETS CONTREFAITS OU FALSIFIES
Labourage & pastourage sont les deux mamelles de la France

左上、中、左下——南斯拉夫王國 1941 年發行 1000 第納爾，1934 年發行 100 第納爾，以豐富的水果象徵國力昌盛；**右上、右下**——1942 法國發行 50、100 法郎，畫面宛如一首首田園牧歌

隨著工業技術的演進，集約化、機械化耕作逐漸取代傳統，紙鈔上的機械農具，是國家刻意向世界展示現代化的意圖，同時也告訴國民「明天會更好」。

除了五穀雜糧外，水果也是農業經濟重要一環，同時也是寬裕的象徵。早在美索不達米亞文明的馬賽克鑲嵌中，就以葡萄與蘋果指涉富饒豐盛的生活。文藝復興以後，貴族豪門常在新居落成時掛上一幅綴滿水果的繪畫，自鳴得意地宣告有錢真好的生活。

早已不復存在的南斯拉夫王國（Kingdom of Yugoslavia, 1918-1943），在一九三〇、四〇年代所發行的第納爾（Dinar）紙鈔上，就流露出泱泱大國不可一世、志得意滿的優雅。

最終，我們在采菊東籬下、帶月荷鋤歸的田園幻想中尋回純真。一九四〇年代的法郎設計，就懷抱著桃花源式的牧歌風情。

透過農業活動，我們反思人與自然的依存、互動關係。人類需要自然，自然卻不一定需要人類。

一語道破文明的黑暗傷痕

2004 年蒲隆地發行 10000 法郎背面局部

蒲隆地．盧安達

最後，我們記得的不是敵人的言語，而是朋友的沉默。

——馬丁．路德．金恩（Martin Luther King, Jr.）

除了美與感動，有些紙鈔，也承載著風雲詭譎的時代波亂、此消彼長的文明沉浮。這些紙鈔，更以它獨特的姿態，一語道破隱藏在黑暗中的祕密。

穆拉比技術學校（Murambi Technical School）的舊址，位於盧安達首都吉佳利北方五十公里，一處視野極佳的舒緩丘陵上，塵土飛揚的公路旁都是賣水果的小販，日子雖然辛苦，但我可以從他們眉宇間的顧盼、呼喊叫賣的舉手投足之間，捕捉到人們對生活熱情積極的態度。我看著環繞在身旁打轉兜賣紀念品的小朋友們，他們都是那件歷史悲劇發生幾年後才出生的孩子，似乎不太了解曾經發生在這裡的黑暗過往。

根據《暗黑觀光手冊》（*Dark Tourism*）一書中所言，一九九四年四月七日，穆拉比地區的圖西（Tutsi）族人，聽說衝突發生的時候，先是成群結隊地躲藏在教堂改造的蔽護所中。但是，盧安達官方臨時決定將圖西族難民遷移至山上的穆拉比技術學校。到了四月十六日，總共有六萬五千名圖西人湧入學校尋求保護。

隔天，負責警衛的四名國家憲兵突然不見蹤影。取而代之的是將學校團團包圍的胡圖（Hutu）族武裝分子。在接下來的幾天，武裝分子先切斷學校的供水和食物，並開始小規模進攻。圖西族人用原始簡陋的武器保衛家人，與胡圖族武裝分子僵持不下。直到四月二十一日，胡圖族武裝分子攻進學校，開始為期三天的血腥大屠殺。

我穿梭在學校不同的角落，到處都是斧劈、彈痕、像山一樣的鞋堆、近萬件衣服，上面的槍孔刀痕清晰可見。不過最令人不寒而慄的，是數也數不清的支離破碎的骸骨。從人骨上觸目驚心的創痕，可以想像這些圖西族人在生命最後一刻所遭遇的恐怖。根據紀念中心導覽人員的說明，大屠殺過後，胡圖族武裝分子一開始還慎重其事地挖坑滅跡，不過由於受害者實在是太多了，後來不僅草草了事，也把許多小孩及嬰兒直接活埋。

一九九五年，聯合國人員協同各國救難組織進入盧安達、薩伊與蒲隆地，

穆拉比技術學校舊址，現為「穆拉比種族屠殺紀念中心」。來到這裡可以看見屬於非洲大陸黑暗的過去

iStockphoto

協助清理萬人坑現場。經過鑑識辨認，重新埋葬了四萬四千具遺體。

***

我站在骨滿為患的棚架前，內心久久不能平復，為什麼二十世紀的最後十年，還會發生如此慘絕人寰的種族滅絕事件呢？

故事先拉回數百年前，歐洲人剛深入非洲時，發現在中非有黑人所建立的高度文明。在二十世紀中葉之前，歐洲人向來把黑人視為動物，跟猿猴差不多，即使擁有文明，也只是「高貴的野蠻人」。

所以，當這些自以為是的種族主義者思索黑人所建立的文明時，他們發明了一套理論，「聰明地」把黑人分為兩類：依據基督教信仰的創世傳說，大洪水浩劫後，諾亞的三個兒子散居在大地之上，其中「閃」（Shem）成為亞洲人與阿拉伯人的先祖，「雅弗」（Japheth）成為歐洲白種人的先祖，「含」（Ham）則是非洲人的先祖。

簡單來說，被認為是野蠻無知、低階人種的黑人，「應該」都是「含」的後代。不過，建立文明的非洲人，又是怎麼一回事呢？

根據種族主義者的自圓其說，這裡的「非洲人」指的是「閃」的後裔，從

北非穿越撒哈拉遷徙而來，雖然皮膚變黑了，但比起其他土著，他們的膚色還是比較白，鼻子也比較高，理論上和歐洲人的血統比較接近。如此一來，黑人建立文明就得到解釋了。

歐洲人在建立殖民地的同時，也授予「高貴的黑人」較高的社會地位，利用他們來統治低階黑人。所以當歐洲人第一次接觸中非時，就根據這套理論，賦予人數較少（約百分之十五），膚色稍白的圖西族統治地位，人數較多（約百分之八十五）的胡圖族反而被打成弱勢，處於被統治的階級。

胡圖和圖西的恩怨從此時種下，當殖民體制崩潰後，攻守交換，原來居於被統治的胡圖族，躍升為盧安達、烏干達與蒲隆地的統治者，而圖西族反而變成被迫害的一方。看過電影《盧安達大飯店》及《四月泣血》的朋友，應該對盧安達大屠殺並不陌生，不過很少人知道，這場大屠殺的導火線，不在盧安達，反而是在坦噶尼喀湖（Lake Tanganyika）畔的蒲隆地。

在一九九三至二〇〇九年間所流通的蒲隆地法郎，五百法郎紙鈔的正面是蒲隆地總統恩達達耶（Melchior Ndadaye）的肖像。但奇怪的是，後來蒲隆地又發行了一枚面額相同，格式一致、圖案也相似的五百法郎紙幣，在發行上同屬於一九九三序列，唯一不同處是總統肖像被傳統雕刻圖案所取代。

左──1993年蒲隆地發行500法郎，出現兩種版本，以傳統雕刻主視覺取代總統恩達達耶的肖像

500
BANQUE DE LA REPUBLIQUE DU BURUNDI
IBANKI YA REPUBLIKA Y'UBURUNDI
UBUMWE - IBIKORWA - AMAJAMBERE
UNITE - TRAVAIL - PROGRES
LE CONTREFACTEUR EST PUNI DE SERVITUDE PENALE
UWUZOKWIGANA IYI NOTI AZOFUNGWA
IBANKI YA REPUBLIKA Y'UBURUNDI
R004828
CINQ CENTS FRANCS
AMAFRANGA
AMAJAN'ATANU
05 - 02 - 1995
LE 1er VICE-GOUVERNEUR
LE GOUVERNEUR
R004828
500
IBANKI YA REPUBLIKA Y'UBURUNDI
AX2306
CINQ CENTS FRANCS
AMAFRANGA
AMAJAN'ATANU
01- 10 - 2007
LE 1er VICE-GOUVERNEUR
LE GOUVERNEUR
AX230618

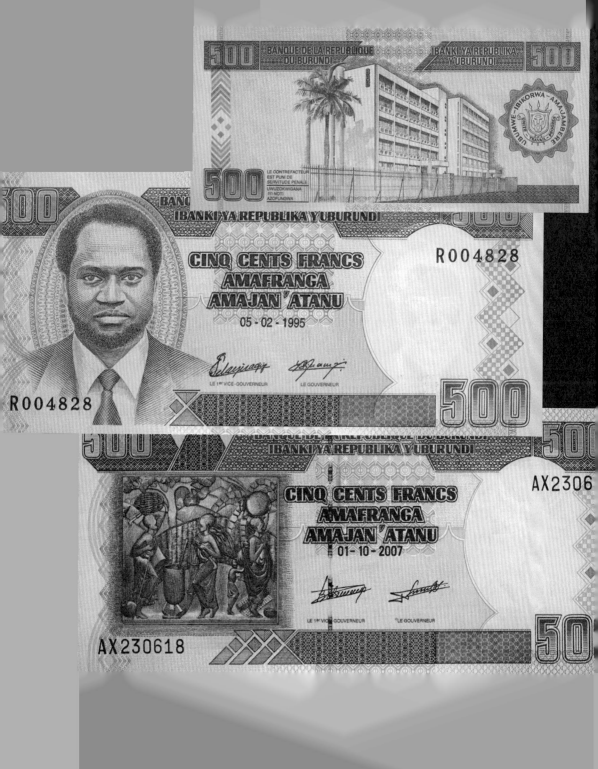

恩達達耶是蒲隆地史上第一位民選胡圖族總統，一生致力於消弭胡圖與圖西族的恩怨，不過上任才三個多月，就在一次失敗的軍事政變中被殺，與他的先行者魯瓦加索雷（Louis Rwagasore）王子擁有共同的悲情結局。

一九四五年後，非洲民族獨立運動方興未艾。蒲隆地獨立運動領袖是圖西族的魯瓦加索雷王子。雖然是殖民地貴族，他卻娶了胡圖族的平民女子，昭告天下兩族是可以和平共榮的，也是圖西與胡圖兩族共同敬仰的政治領袖。所以當蒲隆地獨立後，魯瓦加索雷王子理所當然是國家第一任首相。然而，就在王子就職首相兩週後，被一個來自基督民主黨（極端種族主義團體）激進分子殺害，得年僅二十九歲。從此，蒲隆地的圖西和胡圖兩族陷入長期分裂。

盧安達與蒲隆地的共同矛盾在於：胡圖族占總人口的八成以上，若實行民主投票直選，肯定由胡圖人勝出，但由於歷史因襲，軍權又掌握在圖西人手裡，圖西人害怕失勢後，就會遭到胡圖族慘烈報復，說什麼也不願放下槍桿子。所以，自六〇年代獨立後，圖西族一直利用軍隊牢牢掌控國家政權，胡圖族仍與殖民時代相同，處於手無寸鐵的挨打局面。後來胡圖族曾多次發動政變奪權，不過仍無濟於事。

一九九二年，為了緩和兩族衝突，蒲隆地朝野協商同意結束軍政統治，舉

左—盧安達 1974 年發行 500 法郎，正面肖像為總統哈比亞利馬納，背面為傳統農業圖樣

行多黨大選。毫無意外，胡圖族取得決定性勝利，恩達達耶成為新總統。胡圖人當上了國家元首，這在蒲隆地史上是頭一遭。恩達達耶上台後，致力於民族和解，任命圖西人擔任總理，他想打破圖西人掌控軍隊的局面，從根本上解決民族問題，因此任命大批胡圖人擔任軍官，此舉卻引起圖西族軍人的憤怒，最終發動政變。後來政變雖然失敗，但恩達達耶還是在混戰中死於非命。然而往後幾年，胡圖族仍短暫握有政權。

一九九四年四月六日，載著盧安達總統哈比亞利馬納（Juvénal Habyarimana）和蒲隆地總統恩塔里亞米拉（Cyprien Ntaryamira）的專機在盧安達首都吉佳利附近被擊落，兩位胡圖族總統均罹難，有人說是兇手是圖西族游擊隊，也有傳聞說是胡圖族激進分

子，因不滿總統將與圖西族簽訂權利共用協議，而計畫了這場暗殺事件。但無論是誰擊落客機，這枚火箭彈標誌了盧安達大屠殺的開端。

大屠殺隔年（一九九五年），蒲隆地政府為了紀念殉難的恩達達耶總統，將他的肖像印在面值五百法郎的紙鈔上，這是胡圖人第一次出現在蒲隆地紙幣上。

可是，還沒等到這張紙幣正式流通，一九九六年，風雲突變，由圖西族控制的軍方再度發動軍事政變，廢黜了胡圖人總統，圖西人再次上台。圖西族政府封存了所有帶有恩達達耶頭像的五百法郎紙幣，一年後，新版五百法郎紙幣發行，恩達達耶總統的頭像消失了，相同的地方換成了一張傳統雕刻。顯然，圖西族政府不想讓一個胡圖人總統留在紙鈔上，這無疑是不斷地提醒胡圖人：你們的總統是被我們（圖西族）所殺的！

但是，仇恨不會因為隱藏而消失。不甘失去政權的胡圖人再度組成反政府武裝，蒲隆地內戰愈演愈烈，幾十萬人在兩族互相殘殺中無辜身亡，不過因為同時發生的盧安達大屠殺，所以蒲隆地的種族殺戮往往被人忽略。事實上，蒲隆地雖然幅員狹小，但在這裡所發生的血腥與悲慘的程度並不亞於盧安達。

長年內戰與貧窮，將蒲隆地折磨得奄奄一息。二〇〇二年開始，在國際社

2004年蒲隆地發行10000法郎，胡圖族的恩達達耶總統（右）與圖西族的魯瓦加索雷王子（左）出現在同一張紙鈔上，代表了兩個種族之間真正和解的可能與希望

BANQUE DE LA REPUBLIQUE
DU BURUNDI
10000
DIX MILLE FRANCS
AMAFARANGA IBIHUMBI
CUMI
IBANKI YA REPUBLIKA
Y'UBURUNDI
LE 1er VICE-GOUVERNEUR
LE GOUVERNEUR
P981359S
P981359B
10000
01-07-2009
10000

會的大力斡旋下，兩族各派勢力同意和平協商，簽下停火的和平協議，為同室操戈的悲劇劃下句號。

二〇〇四年，蒲隆地發行了一枚面額一萬法郎的紙鈔，上面印有兩個人的肖像，分別是圖西族人魯瓦加索雷王子與胡圖族人恩達達耶總統。這張紙鈔具有強烈的政治意義：兩人分屬於兩個曾經不共戴天的民族，兩人都曾為圖西族和胡圖族的和解而努力，後來在任內短時間就死於暗殺。現在，他們在同一張紙鈔上見面。

這張紙鈔，提醒生活在太平盛世的我們，死亡不是失去生命，而是走出時間。發生在蒲隆地與盧安達的悲劇，不應該被人遺忘，唯有銘記曾經發生過的一切，我們或許有可能，避免悲劇再度發生。

D
S
G

PA
AE3

生活風格 BLF073F

國家圖書館出版品預行編目(CIP)資料

鈔寫浪漫：在這裡，世界與你相遇
謝哲青著. --第一版. -- 臺北市：
遠見天下文化, 2015.12
面；公分.--(生活風格；BLF073)
ISBN 978-986-320-896-9(平裝)

1. 旅遊文學 2.世界地理

719 104026501

鈔寫浪漫

在這裡，世界與你相遇

作者 — 謝哲青
出版策劃 — 李艾霖

總編輯 — 吳佩穎
責任編輯 — 林煜幃（特約）
封面設計 — 戴翊庭（特約）
美術設計 — TIG 設計工作室
照片攝影 — 謝哲青、李艾霖、廖志豪、許俊傑、林煜幃（特約）

出版者 — 遠見天下文化出版股份有限公司
創辦人 — 高希均、王力行
遠見・天下文化 事業群榮譽董事長 — 高希均
遠見・天下文化 事業群董事長 — 王力行
天下文化社長 — 林天來
國際事務開發部兼版權中心總監 — 潘欣
法律顧問 — 理律法律事務所陳長文律師
著作權顧問 — 魏啟翔律師
地址 — 台北市 104 松江路 93 巷 1 號 2 樓
讀者服務專線 — 02-2662-0012 ｜ 傳真 — 02-2662-0007, 02-2662-0009
電子郵件信箱 — cwpc@cwgv.com.tw
直接郵撥帳號 — 1326703-6 號　遠見天下文化出版股份有限公司

製版廠 — 東豪印刷事業有公司
印刷廠 — 中原造像股份有限公司
裝訂廠 — 中原造像股份有限公司
登記證 — 局版台業字第 2517 號
總經銷 — 大和書報圖書股份有限公司　電話／ (02)8990-2588
出版日期 — 2015/12/25 第一版第 1 次印行
2023/7/10 第三版第 1 次印行

定價 — NT$550
4713510943762
書號 — BLF073F
天下文化官網 — bookzone.cwgv.com.tw

天下文化
BELIEVE IN READING